KB059786

NFT는
처음입니다

메타버스 시대, 누구나 NFT로 투자하고 창작하는 법

NFT는
처음입니다

김일동
(RisingSun)
지음

세종

추천의 글

NFT가 앞으로 세상을 크게 바꿀 것이라는 이야기들이 많다. 웹 3.0Web3.0이라고 불리는 새로운 인터넷 혁명의 움직임에 대한 기대를 하는 사람들도 많고, 디파이DeFi나 P2E처럼 새로운 금융이나 게임에 대한 기대를 하는 전망도 많다. 그렇지만 이에 대한 관심을 가지고 영상을 챙겨보거나, 관련 책을 읽어봐도 대개 이론적인 내용에 집중해서 남의 나라 일처럼 느껴지기도 한다. 그러던 차에 예술가 본인이 직접 NFT를 경험하고 느낀 바를 바탕으로 이야기하는, 피부에 온전히 와닿는 책이 드디어 나왔다. 아트와 관련한 부문에 종사하는 사람들이거나, 다양한 창작자로서의 가능성을 모색하는 사람들에게 이보다 더 좋은 길잡이가 되는 NFT 입문서는 없을 듯하다. 이 책을 아티스트를 꿈꾸는 딸에게 선물하고 싶다.

—정지훈, 《거의 모든 IT의 역사》 저자 · DGIST 교수

새로운 세상이 열리기 이전의 시대를 잠복기Deceptive (새로운 기술이나 변화가 사기처럼 보이는 시기)라고 한다. 하지만 그 기술이 일정 시기를 지나면서 세상을 뒤흔드는 파괴적 혁신Disruptive 단계로 진입을 하는데 우리는 이미 비트코인으로 대표되는 블록체인 기술을 통해서 그 파급력의 크기를 경험하고 있다. NFT는 그 지평을 훨씬 더 넓혀서 예술과 가상 세계의 영역으로 확장된다. 이 책에서 작가는 아직 잠복기에 있는 NFT에 대해 일반인들도 이해할 수 있도록 쉬운 용어로 풀어내고 있어 매우 반갑다.

– 황성현, 퀀텀인사이트 대표 · 카카오 전 부사장

2021년을 뜨겁게 달구었던 키워드 중 하나를 꼽자면 단언컨대 NFT일 것이다. 그만큼 대중은 큰 관심을 갖고 창작자는 새로운 경제에 대한 가능성을 엿보게 한 키워드일 것이다. 하지만 NFT를 머리로 이해하는 것과 마음으로 이해하는 것은 차이가 크다. 특히 NFT라는 기술에 담겨 있는 밈meme, 하위문화, 커뮤니티의 본질적 속성을 이해하지 않고서는 NFT의 진정한 의미를 파악할 수 없다. 이 책을 통해 NFT의 내재적 의미와 가능성을 더욱 깊이 있게 이해할 수 있길 바란다.

– 김민수, NFT뱅크 대표

백남준과 같은 천재 아티스트가 처음 미디어 아트를 선보였던 당시만 해도 미디어 아트는 전문 창작자들의 전유물이었다. 하지만 이제는 누구나 자신의 관점을 담은 NFT 작품을 통해 가치를 드러내는 시대가 됐다.

미디어 아티스트인 저자는 이 책을 통해 "인식이 세상을 바꾸는 시대"라고 말한다. NFT의 '기술적 가치'를 넘어, NFT에 대한 사고의 틀을 바꾸는 '인식의 가치'를 말해주는 신선한 책이자 아주 쉬운 NFT 해설서다. 새로운 세상의 흐름을 알고 NFT 창작자가 되고 싶다면 이 책을 먼저 읽어보길 바란다.

—유승삼, 한국 마이크로소프트 초대 CEO · 벤처테크 CEO

이 책《NFT는 처음입니다》는 NFT가 가져올 본질적 변화를 처음으로 이야기하고 있어 놀라웠다. 뒤샹의 〈샘〉이 예술 작품의 정의를 전혀 다른 시각으로 바꾸어놓았듯 NFT라는 기술이 우리 자신과 우리 삶을 너무도 '고유하고 특별한 것'으로 바꾼다는 놓쳐서는 안 될, 소중한 시선을 보여주고 있다. NFT 시대를 좀 더 희망적으로 준비하고 싶어졌다.

—정용실, KBS 아나운서 · 《공감의 언어》저자

저자는 자신만의 시각을 통해 길어낸 구체적 사례를 통해서 자칫 오해하기 쉬운 NFT의 개념과 이 신기술이 가져올 콘텐츠 시장의 변화를 바르게 이해할 수 있도록 잘 설명하고 있다. 특히 NFT의 핵심 가치인 특별성과 고유성을 발견할 수 있는 기본적 소양으로서의 창작방법론은 누구나 창작자가 될 수 있는 NFT 시대를 준비하는 데 큰 도움이 될 것이다.

4차 산업혁명의 시대. 이는 지금까지 경험하지 못한 무한 경쟁이 시작되었음을 의미한다. 오랜 시간 기업과 공공기관도 이런 변화에 살아남을 수 있는 인재를 육성하고 경쟁력을 갖추는 일에 모든 사활을 걸고 나서고 있다. 이 책을 통해 NFT에 대한 단순 이해를 넘어 예술가의 관점으로 바라볼 수 있다. 무엇보다 이 책은 우리만의 핵심 생존 전략인 특별성과 고유성을 찾을 나침반이 될 거라 확신한다.

자신이 만약 여기에 포함된다면 이 책을 꼭 읽어볼 필요가 있다.
- NFT가 도대체 무엇인지 궁금한 사람
- NFT가 어떻게 돈이 될까 의심하는 사람
- 그리하여 NFT를 처음 시작하려는 사람
이들에게 NFT의 현재와 미래를 알려주는 귀한 책이다.

모두가 NFT 하는 세상

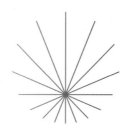

NFT 시대에 들어서다

2021년 10월, 세계 최대 소셜네트워크 서비스 페이스북_{facebook}의 사명이 '메타_{Meta}'로 바뀌었습니다. 본격적으로 메타버스 시대를 열기로 마음먹었다는 사실을 알 수 있지요. 가상 세계인 메타버스에 대한 높은 관심만큼 세상 사람들이 주목하는 것이 있습니다. 바로 '대체 불가능한 토큰_{Non-Fungible Token}' NFT입니다. 이 책의 주제인 NFT에 대해서는 이후 자세하게 다루겠지만 먼저 간략하게 설명하자면 블록체인 암호화 기술을 활용해 대체 불가능하다는 보증을 다는 새로운 디지털 기술이자 자산입니다. 그리하여 이전까지 복제의 위험에서 자유롭지 않았던 디지털 작품들이 NFT를 통해 원본임을 증명할 수 있기 때문에 예술 작품과 디지털 이미지 등에 주로 접목되지요. 이 책에서는 저의 경험을 바탕으로 미술품 중심의 사례가 많이 나오지만 NFT는 미술을 넘어 음악, 동영상, 텍스트, 코드 등 디지털 형태로 존재하는 모든 것에 대체 불가능하다는 가치를 불어넣을 수 있습니다.

세계적으로 유명한 블록체인미디어 '코인데스크CoinDesk'의 자료에 따르면 NFT 월간 거래량은 2020년 12월 930만 달러에서 2021년 3월에는 2억 2,600만 달러로 약 26배 증가세를 보이며, 2020년 전체 거래량을 진작 앞질렀다고 발표하였습니다.

최근 대표적인 NFT 발매·거래 사이트 오픈시OpenSea의 월간 거래량도 폭발적으로 늘어났습니다. 이러한 술렁임에 전 세계의 미디어 아티스트들을 비롯하여 디지털 매체를 능숙하게 다루는 다양한 창작자들의 움직임이 활발해지고 있습니다. 일반인들까지도 이런 동향에 큰 관심을 보이고 있지요. 물론 NFT 발매·거래나 그 외 NFT 서비스를 포함한 다양한 플랫폼들도 저마다의 경쟁력과 관련 이슈를 앞세우며 계속해서 등장하고 있습니다.

저 역시 디지털 미디어를 활용하여 지속적인 활동을 해오던 아티스트로서 지금 이러한 변화에 굉장한 호기심을 느끼며 지켜보고 있습니다. 저는 반신반의하는 심정과 기대를 가지고 그간

도표 0-1 | 〈맥도날드 햄버거를 먹는 달마, Edition 1/108〉

출처: 저자 제공

작업해놓은 디지털 작품 중 몇 점을 오픈시에 올려보았습니다. 그런데 얼마 지나지 않아 실제로 판매가 이루어졌습니다. 한 작품은 1이더리움(ETH·약 520만 원)에 거래가 되었지요(도표 0-1).

순간 제 작품이 판매되었다는 기쁨보다는 이러한 일이 가능해진 시대의 변화를 몸소 체감하고 있다는 놀라움이 앞섰습니다. 앞으로 또 어떠한 일들이 벌어지게 될지 기대와 설렘이 한가득 밀려옵니다.

이렇게 저는 현 시대 상황과 NFT에 대해 더욱 관심 있게 바라보고 있습니다. 지금까지 쌓아온 아티스트로서의 경험을 바탕으로 NFT 시대에 탄생하게 될 다양한 창작물들과 NFT 문화가 가진 본질에 대하여 많은 생각을 하게 되었습니다.

NFT의 가치, 그 본질은?

처음 NFT에 대한 화제와 논란 등을 바라보면서 들었던 생각은, 도대체 NFT가 무엇이기에 억 단위 금액이 매겨지고 엄청난 가치를 갖는가 하는 물음이었습니다.

블록체인상에서 대체 불가한 유일한 원본임을 증명할 수 있는 NFT의 기술적 가능성이 지금 거센 변화를 일으키고 있다는 사실만 보더라도 대단한 것임이 분명해 보입니다. 하지만 NFT 기술에 대한 판단과 다른 관점으로 NFT에 접근해볼 필요가 있습니다. 즉, NFT가 기술 외에 다른 특별한 가치를 만들고 있다는 중요한 사실을 이해하는 것입니다.

NFT에 가치를 매기는 것은 그 표식에 담긴 의미를 바라보는 인간의 인식입니다. 지금 NFT와 관련하여 쏟아지는 뉴스들은 이 새로운 기술에 대한 설명과 그로 인한 새로운 현상에 대한 이야기가 주를 이루고 있지요. 하지만 시간이 지날수록 이러한 이야기보다는 인간이 어떠한 관점으로 NFT를 바라보는가에 점점 더 주목할 것이라고 생각합니다.

결국 NFT가 가진 본질적 가치의 비밀은 그것을 바라보는 인간의 인식입니다. 남산 펜스의 자물쇠가 가지는 가치는 연인들이 그들만의 사랑의 의미를 자물쇠에 부여하고 바라보는 관점에서 발생합니다. NFT가 블록체인상의 표식을 새기는 IT 기술인 것처럼 자물쇠 또한 보안을 위한 장치인 것이지요. 최첨단 기술인 NFT를 자물쇠에 비유하는 일이 조금 이상해 보이지만, 여기서 요점은 '자물쇠든 NFT든 본연의 목적인 보안 기술만으로는 그 모든 가치를 설명할 수 없다'입니다.

누구나 NFT 크리에이터가 되는 시대

기존에는 예술 작품을 제작하려면 캔버스나 재료를 준비해야 하고, 부대 생산 비용 등을 마련해야 하는 여러 번거로운 과정들이 따랐습니다. 작품이 완성된 이후에도 최종적으로 전시가 이루어지기 위해선 갤러리나 미술관 측의 엄격한 심사와 채택 과정이 필요했습니다. 즉, 제도권의 규율과 관습을 통과하지 못한다면 어렵게 준비한 작품들을 발표하는 일조차 불가능했습니다.

하지만 NFT 기술의 탄생과 함께 등장한 다양한 발매 플랫폼 덕분에 이제 일련의 과정 없이 바로 대중과 거래할 수 있습니다. 창작의 주체인 창작자가 자신의 작품을 제도권과 공간의 제약 없이 마음껏 발매할 수 있고, 동시에 대중은 그것을 바로 즐기고 구매하는 기회를 더 크게 누릴 수 있습니다.

최근 우리나라의 대표적인 아트페어인 키아프KIAF가 지금까지의 국내 미술 시장 불황을 깨고 굉장히 성공적으로 치러졌습니다. 성공 요인으로는 MZ세대(1980년대 초~2000년대 초 출생한 밀레니얼세대와 1990년대 중반~2000년대 초반 출생한 Z세대를 함께 일컫는 말)의 작품 구매가 손꼽히고 있습니다. 자신의 취향을 중요하게 여기는 동시에 재테크에도 관심이 많은 MZ세대가 미술 시장의 큰손으로 떠오르고 있는 것이지요. 이들은 '아트테크'에 대한 관심이 높고 메타버스에 대한 이해가 빨라 NFT 아트 구매에도 적극적일 것으로 예상됩니다. 화랑계에서도 이에 대비하기 위해 관련 강연과 행사를 준비하는 등 움직임이 보입니다.

이렇게 창작도 구매도 점점 진입 장벽이 낮아지고 자유로워지고 있습니다.

NFT 시대가 열리고 이 기술을 활용한 수많은 아티스트들이 등장하고 있습니다. 하지만 더욱 주목해야 할 흥미로운 사실은 NFT가 아티스트들만의 전유물은 아니라는 점입니다.

지금은 NFT 시대 초기 단계라 기존에 작품을 그려왔던 아티스트들이 시장에 진입해 먼저 변화와 기회를 경험하고 있습니다. 하지만 작품 발매에 관한 물리적, 제도적 절차의 복잡한 과정들이 없어지면, 그 혜택은 비단 기존 아티스트들만이 아니라 바로 이 시대를 살아가는 모든 사람에게 돌아갈 것입니다.

이는 곧 수많은 개인이 특별성을 가진 자신만의 산물을 세상에 자유롭게 내놓는 시대가 열렸음을 의미합니다. 마치 유튜브, 인스타그램, 페이스북이 불러온 변화와도 같습니다. 이제는 SNS를 통해 누구나 쉽게 자신만의 사진과 동영상을 올리며, 연예인 못지않게 주목받는 스타가 되어 막대한 영향력을 발휘합니다. 바로 이것이 NFT가 세상에 가져오는 가장 큰 변화가 될 것이라 예상합니다.

저는 NFT 시대 훨씬 이전인 2009년부터 갤러리나 미술관 같은 제도권 프레임 속에서 전시 활동을 해오던 아티스트입니다. 운이 좋게도 제 작품은 기존의 제도권과 환경에 부합했고, 지속적으로 전시를 할 수 있었지요. 하지만 아직 이 프레임에 들어가지 못한 후배 작가들이나, 나름대로의 준비를 하며 때를 기다리는 다른 분들이 있습니다. 이들의 작품 또한 분명 특별성과 매력이 있습니다. 제도권 속 작품들과 나란히 두고 이미지 자체만으로 바라본다면, 그 가치를 비교하거나 우열을 가늠할 수 없지요. 그럼에도 이들이 기존의 시장에 진입하지 못하고 있는 모습을 볼 때면 안타까움을 느꼈습니다.

하지만 NFT의 등장과 동시에, 저는 이 모든 것에 변화가 찾아왔음을 직감했습니다. 물리적 한계와 관습을 벗어나 누구나 자신이 가진 특별성을 세상에 내놓을 수 있게 된 것입니다. 새로운 시대의 시작이지요. 예술이 가진 진정한 즐거움을 모두가 누릴 수 있는 시대가 찾아왔습니다. 이것이 바로 제가 이 책을 쓰게 된 계기입니다.

어느 나른한 주말, 공원 벤치에서 여러분이 아이패드로 그린 그림 한 장이 전문 화가나 그래픽 아티스트의 작품처럼 주목받을 수 있는 세상이 됐습니다. 친구와 수다를 떨다가 나온 말 한마디가 전문 시인이 쓴 시의 한 소절보다 더욱 유명해질 수 있습니다. 또 우리 집 강아지가 뛰어노는 모습을 여러 사람들이 마치 유명 감독의 영화만큼 보고 싶어 할 수도 있으며, 내 휴대폰 카메라로 우연히 포착한 웃기는 순간을 세상 사람들이 곳곳에서 흉내내는 일이 생길 수도 있습니다.

평범한 사람이 유튜브로 유명해지듯 NFT를 통해 세상의 주목을 받는 세상. 그것이 실질적인 부와 연결되기도 하고, 그 흐름을 읽고 투자해볼 수도 있는 세상. 바로 NFT 시대의 모습입니다.

그리고 부디 이 책이 여러분이 NFT를 이해하고 NFT 세상을 준비하는 데 의미 있는 첫걸음이 되기를 바랍니다.

차 례

추천의 글 004

프롤로그 모두가 NFT하는 세상 008

1부 NFT, 새로운 세계의 탄생

1 NFT란 무엇인가?

- 형식은 IT 026
- 파급은 경제 036
- 실체는 예술 055

2 왜 지금 NFT인가?

- 고유성과 특별성이 경쟁력인 시대 064
- 가상 자산이 될 수 있는 NFT의 종류 066
- NFT가 100년 전에도 있었다? 068

2부   NFT로 만나는 새로운 부

3   NFT의 가치는 어떻게 알 수 있을까?

  ● 레어성   077

  ● 대중적 공감의 요인   082

4   NFT는 어떻게 컬렉팅해야 할까?

  ● NFT 플랫폼 알기   095

  ● NFT 작품 선택의 기준   097

  ● 컬렉터와 작가의 동행   105

5   NFT를 컬렉팅할 때 주의할 점은?

  ● 작가를 파악하라   108

  ● NFT는 도박이 아니다   112

  ● NFT와 거래 코인 알아보기   116

  ● NFT 미술 시장 안정화를 위해   118

3부   NFT 아티스트에 도전하라

6   NFT 아티스트는 어떻게 될 수 있을까?

- 소셜 아트의 시대   127
- 슈퍼스타를 만드는 밈   130
- 당근마켓과 NFT 플랫폼의 공통점   135
- K-NFT 시대가 온다   141

7   어떻게 나만의 특별성을 판매할 수 있을까?

- 나의 관점 파악하기   145
- 레어성의 원리 알기: AA 테스트   150

8   NFT 플랫폼의 특성 이해하기

- NFT 온라인 플랫폼   165
- NFT 오프라인 플랫폼   170

9   나의 NFT 발매하기

- 발매를 위한 준비물   173
- 오픈시에서 발매해보기   175
- 내 NFT 홍보하기   185
- 작품을 발매할 때 주의점   191

10 NFT 저작권은 어떻게 보장되나?

- NFT 창작자가 알아야 할 저작권   **195**
- 보안의 중요성   **199**

11 NFT 창작 환경은 어떻게 변할까?

- NFT 시대의 경쟁력   **202**
- 지역 활성화를 위한 대체 불가 경쟁력   **208**
- NFT 시장과 기존 미술계와의 공존 가능성   **211**

4부   NFT가 일상이 된 세상으로

12 NFT 시대 어떻게 달라질까?

- 비즈니스   **229**
- 문화   **239**
- 사회   **243**

13 NFT 시대를 맞으며 어떤 준비를 해야 할까?

- 일어날 수 있는 문제들   **245**
- NFT 시대에 맞는 법과 사회적 인식   **252**

에필로그 NFT시대를 대처하는 자세   **258**
감사의 글   **263**

1부

NFT,
새로운
세계의
탄생

NON-

FUNGIBLE

TOKEN

1

NFT란
무엇인가?

"이 그림 어때? 내가 가장 좋아하는 NFT 컬렉션이야."

"그럼 뭐해? 어차피 가상 세계에 있는 건데. 집에 걸기는커녕 만지지도 못하잖아. 그렇게 휴대폰 화면 속에만 있는 걸 자랑하는 게 우습네."

"우습게 볼 그림이 아니야. 내가 처음 샀을 때보다 가격이 무려 세 배나 뛰었으니까."

"뭐, 세 배? 야! 그런 걸 여태 너만 알고 있었어? 그런 거 어디서 사는 건데?"

"오픈시~!!"

2021년 여름, 성수동에서 열린 NFT 아트 전시장에서 어느 방문객들이 나누는 대화 내용이 저에게까지 들려옵니다. 제 앞으로는 〈매일: 처음 5,000일Everydays: The First 5000 Days〉이 빔프로젝터 화면에 떠 있습니다. 디지털 아티스트 비플Beeple의 이 작품을 바라보는 사람들의 눈동자는 호기심으로 가득 차 있습니다.

세상에 새로운 변화가 찾아왔습니다.

바로 가상 세계의 블록체인상에서 유일무이한 원본임을 증명할 수 있는 NFT라는 기술이 탄생한 것입니다. 새로운 IT기술의 등장으로 인해 지금 이 순간에도 전 세계의 IT, 경제, 예술 분야에서 다양한 일이 발생하고 있습니다.

이와 관련해 하루가 멀다 하고 등장하는 새로운 뉴스들에 대한 사람들의 반응도 제각각으로 보입니다. 적극적으로 NFT를 받아들이고 활용하려는 사람들과 미심쩍은 눈으로 보는 사람들 그리고 아직은 관심조차 없거나 전혀 이해하지 못하는 사람들도 있습니다.

이러한 변화가 앞으로 우리 일상에 어떻게 자리 잡을지, 또 우리 미래를 어떻게 바꾸어놓을지 궁금하고 또 기대됩니다.

도표 1-1 | 비플의 〈매일: 처음 5,000일〉

출처: 크리스티 경매 홈페이지

그럼, 먼저 NFT가 무엇인지부터 살펴볼까요?

형식은 IT

●

수정, 삭제, 대체가 불가능하다

NFT 즉, '대체 불가능한 토큰'은 그야말로 원본을 다른 것으로 바꿀 수 없습니다. 누군가가 임의로 복사해서 그 데이터 수량을 늘릴 수도 없고 수정하거나 편집하는 일조차 불가능하지요. 그래서 정보의 형태가 변하지 않습니다. 그렇다고 삭제를 해서 사라지게 할 수도 없습니다. 처음 생성했던 그대로 블록체인상에 영구적인 표식으로 존재하기 때문입니다.

그런데 이쯤에서 의문점 하나가 생깁니다.

우리는 정보가 담긴 컴퓨터 파일을 Ctrl+C, Ctrl+V와 같은 단축키나 클릭 몇 번으로 쉽게 복사하고 이동하며 또 붙여넣을 수 있습니다. 파일을 열고 편집을 하는 것도 크게 어려운 일이 아니지요. 설사 파일에 비밀번호를 걸어놨다고 한들 시간과 노력을 들인다면 알아낼 수도 있습니다. 또 프로그램 전문가나 업체에서 해킹을 해버리면 쉽게 열리기도 합니다.

이와 비슷하게 내가 가지고 있는 이미지 파일도 지금 당장이라도 내 마음에 따라 순식간에 삭제하거나 반대로 100개로 복사

블록체인Block Chain

- 블록체인은 블록Block을 잇따라 연결Chain한 모음
- 중앙 서버를 쓰지 않는 대신 데이터를 여러 컴퓨터에 분산하여 저장하는 암호화 기술
- 동일한 데이터가 여러 곳에 동시에 기록되며 그 기록을 임의로 바꿀 수 없음
- 이러한 원리로 위조나 변조가 불가능함

NFT 대체 불가 토큰

- 블록체인상에 생성된 대체할 수 없는 토큰
- 블록체인 기술로 만들어진 일종의 원본 인증서(디지털 자산)
- 각 NFT마다 고유의 인식값을 지니므로 다른 NFT로 대체 또는 위·변조가 불가능함
- 블록체인상에 NFT 출처와 발행 시간, 소유자 내역 등의 정보가 공개되어 추적이 가능
- 고유성이 증빙되기 때문에 수집 또는 디지털 자산으로서 가치 발생

할 수 있습니다.

그렇다면 NFT도 그렇게 해버리면 그만이지 않을까요?

아니요, 그렇지 않습니다. 정보가 존재하는 방식이 근본적으로 다르기 때문입니다.

좀 더 쉽게 의미를 전달하기 위해 우리가 늘 사용하는 '카카오톡'의 채팅창에 비유해보겠습니다.

채팅창에는 나와 상대방 단 둘이 대화하는 '일대일 채팅창'과 나와 여러 사람이 동시에 대화하는 '그룹 채팅창'이 있습니다. 일대일로 대화하는 채팅창에서 생성된 정보(대화 내용)는 나(A)와 대화 상대(B) 단 둘밖에 모릅니다.

이런 상황을 생각해봅시다. A와 B가 있는 일대일 채팅창에서 A가 "오늘 점심으로 자장면을 먹었다"라고 말합니다. 그 뒤 채팅창을 나가서 자신과 C가 있는 일대일 채팅창에 "아직 점심을 먹지 않았다"라고 거짓말을 합니다. 이때 C는 그 정보가 거짓인지 아닌지 알 수가 없습니다.

마찬가지로 또 다른 일대일 채팅창의 대화상대 D에게 A가 점심을 먹지 않았다고 하거나 다른 음식을 먹었다고 거짓말을 해도, D는 A가 하는 말의 진위 여부를 알 수가 없습니다. 보통은 그대로 받아들이게 되겠지요.

이렇게 일대일 채팅창을 이용한다면, A는 오늘 점심 때 자장면을 먹었다는 사실을 마음대로 혹은 유리하게 말할 수 있습니다. 점심을 먹지 않았다고 하거나 다른 음식을 먹었다고 거짓말을 할 수 있겠지요. 즉, 정보를 편의에 맞게 숨기거나 수정하여 임의로 통제할 수 있는 것입니다. 이러한 점을 이용하여 비밀을 만들거나, 허위·과장 정보로 자신에게 유리하게 B, C, D와의 관계를 조절할 수도 있을 것입니다.

그렇다면 이번에는 방 하나에 열 명이 있는 그룹 채팅창의 상황을 보겠습니다.

여기서도 똑같이 A는 오늘 점심으로 자장면을 먹었다는 사실을 알렸습니다. 이번엔 이 정보가 그룹 채팅창에 공개된 거지요. 그러면 그 방에 있던 B, C, D, E, F, G, H, I, J 아홉 사람 모두가 동시에 이러한 사실을 알게 됩니다.

이렇게 정보를 함께 알게 된 상태에서는 정보 공유자들에게 함부로 사실을 바꾸거나 숨길 수 없습니다. A가 B에게 오늘 점심 때 아무것도 먹지 않았다고 한다면, B는 그 정보에 거짓이 있다고 생각할 것입니다.

마찬가지로 B뿐만 아니라 이 그룹 채팅창에 속한 모두에게 거짓말을 할 수가 없습니다. 즉, 정보를 자신의 편의에 맞게 거짓으로 숨기거나 고쳐서 선택적으로 배포할 수 없는 상황입니다.

쉽게 비유하자면 블록체인 환경은 카카오톡 그룹 채팅창의 상황과 같습니다.

그런데 이 그룹 채팅창에 내가 오늘 그린 그림이 담긴 이미지 파일 한 점을 공개한다고 생각해봅시다. 공개와 동시에 그 채팅방에 있는 모든 사람이 이 그림이 어떠한 내용인지를 알게 됩니다. 어떠한 정보가 NFT 형태로 블록체인상에 생성되는 것은 바로 이와 같은 원리입니다.

만약 내가 이 그룹 채팅창에 그림을 올린 사실을 변경하거나 숨기고 싶다면, 채팅창에 있는 모든 회원과 합의를 봐야 할 것입니다. 아니면 적어도 다섯 명에게 따로 연락하여 그 사실을 없었던 일로 해달라고 부탁해야겠지요. 내 주장에 동의하는 사람이 과반수가 되도록 말입니다.

그러면 상대적으로 소수인 네 명은 과반수의 의견 때문에 침묵하거나 자신의 기억을 의심할지도 모릅니다. 하지만 이런 일은 고작 열 명이 모여 있는 그룹 채팅창에서나 가능합니다. 실제 블록체인은 우리가 상상도 못할 만큼 천문학적으로 많은 정보가 공유되고 그만큼 다수가 이용하는 곳입니다. 따라서 그 정보의 출처를 일일이 찾아가서 합의를 보고 조작하는 일은 거의 불가능합니다.

쉽게 비유하자면
블록체인 환경은
카카오톡 그룹 채팅창의
상황과 같습니다.

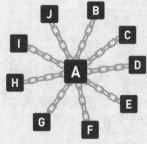

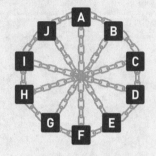

A B C D E F G H I J

사용자 A~J: 정보가 담긴 블록으로 존재한다.

공유되지 않은 상태의 중앙네트워크 : 중앙에서 통제하는 나(A)가 존재한다.

공유된 상태의 블록체인 : 중앙에서 통제하는 사람이 없고 모두가 연결되어 있다.

블록체인에서 공개되는 정보는 이렇게 서로가 연결된 모든 곳에 공유되어 아무도 마음대로 없애거나 고칠 수 없습니다. 이 말은 곧 '대체가 불가능한 토큰'이 생성된다는 뜻이지요.

NFT는 정보에 잠금을 걸거나 해킹을 방지하는 보안 기술이라기보다, 위조나 변조가 근본적으로 일어날 수 없게 하여 정보를 보존하는 것에 가까운 IT 기술입니다.

대체할 수 없는 고유한 가치의 탄생

NFT는 이와 같은 원리를 이용해 블록체인상에 존재하면서 정보가 고유한 가치를 가지게 합니다. 정보를 임의적으로 고치거나 없애거나 다른 것으로 바꿀 수 없으니 고유성을 인정받는 것입니다. 예를 들어 작가인 제가 NFT로 그림을 발매한다면, 원작자가 직접 세상에 공표한 유일한 그림이라는 사실을 증명하는 일과 같습니다. 만약 이것을 누군가가 복제해도 소용이 없습니다. 블록체인상에서 NFT로 발매한 즉시, 이미 제가 그림을 발표했다는 표식이 생기기 때문입니다. 이렇게 되면 제가 발매한 원작만이 가치를 가지고 나머지는 복제품이 되지요.

이는 실존하는 〈모나리자Mona Lisa〉 그림을 아무리 정교하게 복제하여도 레오나르도 다빈치Leonardo da Vinci가 그린 최초의 〈모나리자〉만이 가치를 가지는 것과 마찬가지입니다. 모두가 같은 모나리자의 모습을 하고 있지만, 어떠한 복제품도 다빈치 원작의 모나리자를 대체할 수 없습니다. 이와 반대로 물건 자체나 가치의 교환이 가능한 경우가 있습니다. 예를 들어, 내가 가진 만 원짜리 지폐는 상대방이 가진 만 원짜리 지폐와 서로 문제없이 바꿀 수 있습니다. 어느 지폐를 가지고 있어도 그 가치가 같기 때문입니다.

도표 1-3 | 크립토키티 게임 화면

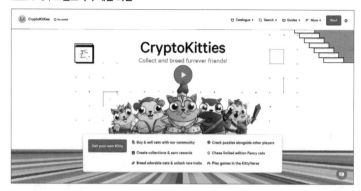

출처: 크립토키티 홈페이지

　NFT는 이런 교환이나 대체를 할 수 없는 고유한 가치를 발생시킵니다. 이를 증명하는 또 다른 사례가 있습니다. 바로 크립토키티CryptoKitties라는 온라인 게임입니다. 이 게임의 목적은 가상 세계에서 다양한 고양이를 수집하고 육성하는 것이지요.

　크립토키티는 액시엄 젠Axiom Zen이라는 캐나다 게임 개발사가 2017년 11월에 출시했습니다. 이용자들을 끌어모으며 큰 인기를 얻었으며 세계 최초로 블록체인 기술과 암호화폐인 이더리움을 기반으로 한 게임이지요.

　어느 날 이 게임에서 서로 다른 종의 고양이 두 마리가 교배하여 화려한 희귀종이 태어났습니다. 게임 이용자는 새로운 종의 새끼 고양이를 NFT로 만들어 경매에 붙였는데, 이것이 10만 달러(약 1억 원)가 넘는 고가에 거래되었습니다.

물론 이 새로운 고양이 종은 두 부모 고양이의 특성을 프로그램에 의해 랜덤으로 지정받아, ERC-721라는 표준 기술을 사용하여 탄생했습니다. 하지만 이 희귀종 고양이가 NFT화되어 발매되었다는 점과 사이버상에서 느끼는 희소성의 가치가 그대로 실제 세계에 적용된다는 점은 시사하는 바가 큽니다. 고유한 가치, 원본에 대한 입증은 작가가 현실 세계에서 작품을 발표할 때 일어나는 일입니다. 그런데 크립토키티 경매를 통해 가상 세계에서도 그 가치가 입증될 수 있음을 보여준 것입니다.

ERC-721 Ethereum Request for Comment

ERC-721란 이더리움 블록체인에서 대체할 수 없거나 고유한 토큰을 작성하는 방법을 설명하는 표준안이다. ERC-721 토큰은 모두 대체가 불가능하며, 이 특성을 사용한 예가 크립토키티다. 그렇기에 이 게임에 등장하는 모든 고양이는 각각 다른 모습을 하고 있으며, 모든 사용자의 고양이는 게임상 단 하나밖에 없는 고양이가 된다.

파급은 경제

●

NFT가 세계 경제에 몰고 오는 바람

이미지 파일 **JPG** 하나의 가격이 수백억 원이라면 믿어지시나요?

2021년 3월 11일, 크리스티 **Christie's** 뉴욕 경매에서 미국의 그래 픽 아티스트 비플이 그린 JPG파일 하나가 6,930만 달러(약 820억 원)라는 고가에 낙찰되는 '사건'이 벌어졌습니다(〈매일: 처음 5,000일〉). 그리고 얼마 지나지 않아 소더비 **Sotheby's** 경매에서도 아티스트 팍 **Pak**의 디지털 아트가 총 1,630만 달러(약 190억 원)에 낙찰되었습니다.

비플과 그의 작품은 매우 흥미롭습니다. 비플은 정규 예술 교육을 받지 않았고 컴퓨터학과를 졸업했으며, 웹 디자인과 영화 프로덕션 후반 작업 등에 참여한 디자이너입니다. 그는 매일 한 장의 디지털 그림을 그리겠다고 팔로어에게 선언한 뒤로, 2007년 5월부터 5,000일간 하루도 빠짐없이 그림을 그렸습니다. 〈매일: 처음 5,000일〉은 무려 14년에 걸친 그림의 모음이자 행위예술의 집합체입니다.

그의 그림을 두고 기존의 개념과 다른 혁신적인 가치가 만들어졌다는 찬사도 있지만 과열된 NFT 문화의 거품이라고 보는 부

도표 1-4 | 소더비 경매에서 팔린 디지털 아티스트 팍의 작품 〈큐브Cube〉

출처: 소더비 홈페이지

정적인 시선도 있습니다. 하지만 제가 볼 때 그것은 눈앞에 있는 결과물만 놓고 하는 말입니다. 당장은 그저 JPG 파일 하나로 보일 테니까요. 비플의 디지털 아트가 높은 평가를 받으며 고가로 거래되는 이유는 그가 NFT 시장의 전성시대를 열었다고 평가를 받기 훨씬 전부터 NFT 시대에 걸맞은 디지털 형태의 예술을 하며 철저한 준비를 하고 있었기 때문입니다. 〈매일: 처음 5,000일〉

은 14년의 시간이 응축되었기 때문에 사람들은 그의 가치를 인정하는 것입니다. 자신만의 관점으로 현대 문화의 세태와 정치적 풍자를 담은 비플의 디지털 그림들은 그래픽 디자이너들 사이에서 꽤 알려져 있었으며 그의 작품을 좋아하고 수집하는 팬들도 상당수 있었습니다. 그는 여기에서 만족하지 않고 SNS를 통해 꾸준히 자신을 홍보했고, 끊임없이 작품을 제작하고 판매도 게을리하지 않았습니다. 이렇게 비플은 창작부터 마케팅까지 자신의 작품 세계를 연결하고 있었습니다. NFT가 화두인 시대가 되면서, 세상이 이제야 그를 '발견'한 것일 뿐입니다. 그의 디지털 아트의 자산 가치가 명확해지면서 생긴 일이지요.

크리스티와 소더비에서 NFT에 기반한 디지털 아트의 경매가 이루어졌다는 사실은 세상 사람들의 시선을 끌 만한 사건입니다. 전 세계에서 가장 거대한 두 경매기관이 주는 공신력은 실로 엄청나기에 경매 결과는 곧바로 세계 경제에 영향을 줄 수 있습니다. 이는 현실 세계 작품들인 제프 쿤스**Jeff Koons**의 〈토끼〉, 데이비드 호크니**David Hockney**의 〈예술가의 초상〉에 이어 비플의 NFT 작품 〈매일: 처음 5,000일〉이 낙찰가 랭킹 3위에 올라 있는 것을 보면 알 수 있습니다.

너도 나도 NFT

크리스티와 소더비의 거래가 신호탄이 되어 전 세계에서는 NFT 경매와 거래 소식이 연일 이어지고 있습니다. 트위터 창립자 잭 도시Jack Dorsey가 남긴 최초 트윗은 무려 290만 달러(약 34억 원)에 거래되기도 했지요. 미국의 영화감독 알렉스 라미레스 말리스Alex Ramírez-Mallis는 자신이 친구들과 1년 동안 뀐 방귀소리를 모았는데, 이것이 420달러(약 50만 원)에 팔린 황당한 사건도 일어났습니다. 또 영국의 과학자 팀 버너스리Tim Berners Lee가 1989년에 개발한 월드와이드웹www의 원본 코드가 540만 달러(약 64억 원)에 거래되었으며, 이세돌이 AI 알파고를 이긴 대국의 기보는 NFT화되어 경매에서 2억 5000만 원에 낙찰되었습니다.

NFT의 발매 서비스가 가능한 플랫폼들의 거래량도 순식간에 급증하기 시작했습니다. 누구나 아무런 제약 없이 자신의 디지털 결과물을 NFT화할 수 있는 오픈시의 월간 거래량이 1년만에 20배나 뛰었으며(2021년 7월 기준), 자체 심사를 거쳐서 양질의 NFT를 발매하는 니프티게이트웨이Nifty Gateway나, 슈퍼레어Super-Rare, 노운오리진Known Origin 등과 같은 플랫폼에 작가들이 지원한 포트폴리오 숫자도 기하급수적으로 늘어났지요.

한국에서도 NFT 발매 관련 사업을 준비한다는 다양한 소식들이 이어지고 있습니다. 국내의 예술 작품 경매 기관인 서울옥

선에서 자체적으로 NFT 발매가 가능한 플랫폼을 준비 중이라는 기사가 올라왔습니다. 또 카카오에서는 클립드롭스Klipdrops라는 NFT 발매 플랫폼을 런칭하여, 국내 유명 작가들의 NFT 아트를 소개하고 있습니다. 삼성전자도 자사의 강점인 모바일 제품이나 TV 등을 연계한 NFT 서비스를 실시할 것이라고 밝혔습니다. 코인 거래소 중에서는 코빗이 먼저 NFT 마켓을 열어 여러 아티스트의 작품을 구매할 수 있게 했습니다. 그 뒤 업비트에서 NFT 베타 서비스를 열었고 빗썸에서도 런칭을 준비하고 있습니다. 효성기업 계열의 메타갤럭시아MetaGalaxia와 위메이드트리의 위믹스 NFT옥션, 블루베리 NFT의 스포티움 등 국내의 유수 기업들이 NFT 관련 사업을 한창 준비 중입니다.

SM과 YG, 하이브, JYP 등 국내 대표 연예기획사에서도 엔터테인먼트와 관련된 콘텐츠를 NFT로 선보일 계획입니다. 또한 NFT 자산과 관련된 펀드와 재테크상품을 시장에 선보이는 기업들의 움직임들도 있습니다.

한국 아티스트들에게서도 발 빠른 움직임이 보입니다. 우선 성수동, 이태원 등의 공간에서 NFT 작품의 전시회를 열고 있지요. 동시에 그 작품들을 NFT 플랫폼을 통해 발매하며 컬렉터들과 거래하고 있습니다. 자체적으로 커뮤니티를 형성하여 활발하게 NFT 관련 여러 정보도 공유합니다.

전부터 디지털 미디어로 활동을 해오던 저는 NFT 작품들을 준비하며 주변을 살피던 중 예상하지 못한 사실을 하나 발견했습니다. 저는 이전부터 실물 그림을 그려왔던 기성 작가들이 먼저 NFT 작품을 발매할 것이라고 생각했습니다. 오랜 활동으로 다수의 미술관, 갤러리 전시 경력을 쌓은 것은 물론, 언론 매체를 통한 기본적인 인지도와 함께 컬렉터들도 이미 확보하고 있는 상태이기 때문입니다. 또 경험이 많아 작품에 대한 다양한 표현도 가능하기 때문에 상대적으로 유리한 입장이라고 생각했습니다.

하지만 저의 예상과 다르게 기존 아티스트들보다 새롭게 활동을 시작한 신진 아티스트들의 NFT 발매 참여가 훨씬 도드라지고 있습니다. 처음에는 조금 의아한 생각이 들었으나, 곧 이유를 알게 되었습니다.

우선 기존에 활동하는 많은 작가가 창작의 도구로 디지털툴을 잘 사용하지 않았던 것이 큰 이유로 보입니다. 물론 디지털 매체로 작업을 해온 작가들은 좀 더 빠르게 상황에 대처할 수 있겠지만, 대다수 작가들의 작업 스타일은 그렇지 않기 때문입니다.

NFT는 가상 세계에 존재하는 예술품입니다. 즉, 실제 붓과 물감으로 캔버스 위에 표현된 작품만으로는 NFT 발매가 불가능합니다. 많은 작가가 예전부터 저마다의 방식으로 오랫동안 수작업을 해왔으므로 컴퓨터 그래픽 작업을 힘들어하거나 아직 필요성을 잘 느끼지 못합니다.

사실 지금 활발한 활동을 하고 있는 NFT 작가들을 살펴보면 시각 디자이너, 게임 디자이너, 캐드 전문가 또는 영상이나 음향 등을 다루는 VJ나 DJ 등이 많습니다. 이렇게 디지털 및 그래픽 작업에 익숙한 전문가들이 가장 빠르게 NFT 아트를 제작하며 작가로서 활동을 시작하고 있습니다. 이들은 암호화폐(코인)와 블록체인에 대한 이해도 빠르고 심리적 장벽도 낮아 쉽게 적응합니다.

예술 시장의 규모 확장

이러한 까닭으로 NFT의 탄생은 기존 미술계의 내적 확장과는 그다지 관계가 없습니다. 아예 새로운 영역의 창작자들이 NFT 예술 시장에 진입하여 외적으로 그 범위를 확장하고 있지요. 예술 시장의 규모가 지금까지의 영역 밖으로 확대되고 있는 것입니다. 이것은 매우 흥미롭고도 주목해야 할 새로운 사실입니다.

NFT의 붐과 함께 기존 작가들 중 일부는 자신들의 실물 작품을 디지털 카메라로 사진을 찍은 뒤 NFT화하여 발매해보기도 했습니다. 하지만 그 순간 그것은 디지털 세상에서 생겨난 원본이 아니라, 이미 현실 세계에 있던 것을 옮겨놓은 복제품이 되었습니다. 당연히 원본만큼의 가치도 없습니다.

그래서인지 초기에 몇 번 있었던 이런 시도는 크게 시선을 끌지 못했습니다. 하지만 NFT 시대로의 변화를 눈치챈 기존 작가들은 붓 대신 컴퓨터 그래픽 프로그램을 다루며 디지털 기술에 적응하려는 움직임을 보이기 때문에 앞으로 어떻게 바뀔지 지켜봐야 하겠습니다.

아날로그 원본을 NFT로 복제한 사례 중 대표적인 것은 스티브 잡스**Steve Jobs**가 열여덟 살 때 수기로 쓴 입사 지원서입니다. 진품임을 보장하기 위해 원본인 종이 입사 지원서와 함께 경매에 붙였지요. 그 결과, 원본은 34만 3천 달러(약 4억 원)에 거래가 성사됐지만, NFT화한 것은 2만 3천 달러(약 2,630만 원)로 원본보다 현저하게 낮은 가격이 매겨졌다고 합니다.

이러한 사례는 최초의 원본이 현실 세계와 가상 세계 중 어느 곳에서 생겨났는지에 따라 가치가 달라지는 현상에 대해 생각해 보게 만듭니다. 앞으로 유사한 사례가 계속 생긴다면 가치의 기울기가 어느 정도에서 안정될지 점점 더 명확해질 것입니다.

NFT의 영향력은 문화기관에도 이어지고 있습니다. 간송미술관(간송문화재단) 측에서는 〈훈민정음 해례본〉을 100개의 NFT로 제작해 시리얼 넘버를 붙이고 개당 1억 원에 판매하였습니다. 그중 2021년 12월 기준, 80개 이상이 판매되었다고 하니, 이 또한 대단한 사건으로 보입니다.

도표 1-5 | 스티브 잡스의 입사 지원서 원본(왼쪽)과 디지털화한 NFT 버전(오른쪽)

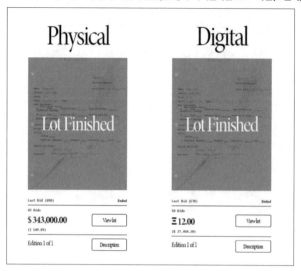

이렇게 NFT로 발매된 〈훈민정음 해례본〉 또한 앞서 언급한 사례와 같습니다. 이미 판매된 상당수의 〈훈민정음 해례본〉의 NFT 가치가 앞으로 어떻게 될지는 두고 봐야 할 듯합니다. 지금 뜨거워진 NFT 이슈와 더불어 높게 측정된 것인지, 아니면 정말로 원본의 가치에 견주는 복제본으로서 값어치가 발생한 것인지 지금으로서는 판단할 수 없습니다. 어느 정도 시간이 지나 NFT라는 키워드보다 콘텐츠 본질의 가치에 더욱 주목할 수 있는 시점이 온다면 좀 더 명확해지겠지요.

도표 1-6 | 〈훈민정음 해례본〉, 국보 70호

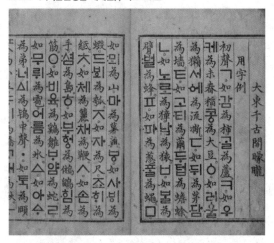

출처: 간송미술문화재단 홈페이지

한편으로는, 이러한 NFT를 구매한 분들은 재정 상황이 좋지 않은 간송문화재단에 실질적 도움을 주고 문화재 보존에 이바지한 것이라고 생각합니다. 이런 명분 자체에 의미를 두고 프로젝트의 목적이나 성과를 논할 수 있지 않을까 하는 생각도 해봅니다.

이렇게 NFT 관련 경매와 플랫폼, 작가, 기관의 움직임이 활발해지며 NFT의 경제적 파급력은 점점 그 범위를 넓히고 있습니다.

NFT 예술 시장의 새로운 변화

NFT 등장과 함께 디지털화가 가능한 다양한 자산 종류가 생

NFT <훈민정음 해례본>의 가치는
NFT라는 키워드보다
콘텐츠 본질에
더욱 주목할 수 있는
시점이 온다면
좀 더 명확해지겠지요.

겨났는데, 스포츠 카드와 같은 수집품부터 게임 캐릭터, 데이터 파일, 그리고 게임 아이템처럼 메타버스 속 자산 등으로 매우 다양합니다. 이러한 것들이 가져오는 경제적 파급력 또한 물론 상당하지요. 다음 그래프는 그중 NFT 미술품 분야의 성장을 보여주고 있습니다.

세계 최대 NFT 시장 데이터 통계 플랫폼인 넌펀저블닷컴**Nonfungible.com**에서 제공하는 아래 그래프를 보면 NFT 미술품 거래량은 2020년 말까지 큰 변동이 없었습니다. 그런데 2021년부터 상승세가 시작되더니 3분기에는 급증해서 8월에는 주간 거래량이 17.8억 달러(약 2조 1천억 원)를 기록하고 있습니다.

이 그래프를 보면 NFT가 미술 시장에 미치는 영향력이 얼마만큼인지를 알 수 있지요. 갑작스럽게 거래 규모가 커진 근본적

도표 1-7 | 2019년 말부터 2021년까지 NFT 미술품 거래량(주간 데이터)

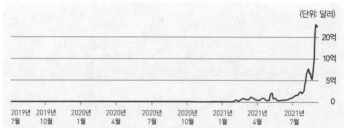

출처: 넌펀저블닷컴

인 이유는 지금 NFT가 사회 전반적으로 크게 주목받으며 소위 '붐'을 일으키고 있기 때문입니다.

하지만 더욱 직접적인 관점에서 제 소견을 이야기하겠습니다.

우선은 전 세계 기존 미술 시장이 가진 폐쇄적 거래 환경의 변화 때문입니다. 지금까지 미술품 거래는 미술품 판매 전문 갤러리나 옥션 판매 또는 극히 드물게 이루어지는 작가와 컬렉터의 직거래가 대부분이었습니다. 이와 같은 거래 방식은 미술계 내부에서 일어나는 것으로, 이곳의 상황을 잘 이해하는 일부 미술 애호가나 특권층에서의 소비가 거의 전부입니다.

하지만 NFT를 통한 미술품 거래는 공간의 제약을 전혀 두지 않습니다. 가스비(블록체인 네트워크를 사용하는 데 지불하는 수수료)나 암호화폐에 대한 개념 등을 알고 익숙해진다면 인터넷 쇼핑몰에서 물건을 구매하는 것처럼 쉽게 접근할 수 있습니다.

현재 NFT 미술품 거래는 국내보다는 미국을 비롯한 해외에서 더욱 활발하게 이루어지고 있습니다. NFT 아트 관련 주요 거래 사이트(오픈시, 슈퍼레어 등)가 대부분 영어로 되어 있는 데다, 그 거래를 위해서는 암호화폐를 보유해야 하기 때문이지요.

암호화폐 보유를 위해서는 메타마스크MetaMask, 코인월렛Coin-Wallet 등과 같은 전자지갑을 만들어야 하는데, 이것들을 지원하는 플랫폼 역시 영어와 생소한 전문 용어로 되어 있어 이에 익숙한 사람들 외에는 사용하기 어렵습니다.

하지만 지금 이 순간에도 해외 플랫폼들에 적응하는 사람들이 늘고 있습니다. 국내의 크고 작은 기업이 해외의 성공한 NFT 거래 플랫폼들을 벤치마킹하여 국내 소비자들의 상황에 맞추고 있기에, 얼마 지나지 않아 이 문제는 상당 부분 해결될 것입니다.

인터넷 쇼핑몰이 등장했을 때도 그랬습니다. 옷은 직접 만져보고 입어 보고 사야 한다고 생각했던 소비자들은 인터넷 쇼핑몰을 이용을 번거롭게 여겼지만 이제는 편리하게 생각하며 익숙하게 사용하고 있지요. 어떤 새로운 기술이나 상품도 도입기와 적응기를 지나 살아남으면 상용화는 쉬워집니다.

다음으로는, MZ세대들이 NFT 미술품 구매에 대해서 높은 관심을 보이는 것도 NFT 미술품 거래량이 폭등한 주요인입니다. MZ세대는 보이지 않는 경험, 작가의 가치가 담긴 예술품에 대한 강한 욕구가 있습니다. 그들은 자신만의 취향을 갖고 싶어 하며 돈을 주고 경험을 사는 것을 두려워하지 않습니다. 기성세대는 눈에 보이며 실존하는 것을 신뢰하지만 MZ세대는 현실과 가상을 크게 구분하지 않으며 때로는 만질 수 없는 가상세계에서의 경험과 가치를 더 신뢰합니다.

가상 세계에 존재하는 산물과 자산에 대한 실질적인 체감은 기성세대보다 MZ세대들이 더 민감하게 느낄 수밖에 없습니다.

기성세대에게 어느 날 등장한 인터넷 환경은 MZ세대에게는 처음부터 당연했던 환경입니다. 그들은 일찍이 음악이나 영상 같은 온라인 콘텐츠를 유료 구독하는 데 익숙하고 고가의 게임 아이템을 거래한 경험이 있습니다. 이들은 가상 세계 속 NFT 예술품의 구매 또한 기성세대보다 훨씬 더 익숙할 것입니다. 그리고 앞으로 메타버스와 NFT가 더 보편화되면서 이러한 소비 성향은 세대를 넘어 모두에게 자연스러워질 것입니다.

우리나라에서는 NFT 구매가 MZ세대를 통해서 이루어지고 있는 듯합니다. 블록체인 자체가 중앙의 제어가 없는 구조이기에 소비자 연령대에 대한 직접적인 통계가 나오긴 힘듭니다. 하지만 저는 미술계 활동에 이어 현재 NFT 미술품을 직접 발매하고, NFT 플랫폼이나 블록체인 기업과 협업을 하고 있는 만큼 가까이에서 MZ세대가 NFT 미술품에 관심을 보이는 모습을 직접 목격하며 느끼고 있습니다. 기성세대 눈에는 집보다 고가의 자동차나 명품, 한정판 운동화를 구매하고 되파는 일부 MZ세대가 특이해 보이기도 합니다. 마찬가지로 MZ세대가 방 안에 걸 실물 그림보다 온라인상의 NFT 그림에 더욱 열광하는 시기가 이미 눈앞에 와 있지만 믿어지지가 않을 뿐입니다. 유명 작가의 프린트 그림을 고가 액자에 끼워 넣는 것보다, 내가 좋아하는 일러스트레이터의 유일무이한 NFT 하나를 갖는 게 더 의미 있는 일로 느

MZ세대는 현실과 가상을 크게 구분하지 않으며 때로는 만질 수 없는 가상세계에서의 경험과 가치를 더 신뢰합니다.

껴질 수 있으니까요. 여전히 낯설기는 하지만, 비트코인과 이더리움을 달러나 금보다 선호하는 세대의 시선으로 세상을 바라볼 필요가 있습니다.

이러한 상황은 최근 NFT 붐이 일기 전까지 기존의 미술 시장 생태계 안에서 거래하며, 그 영역의 확장을 위해 노력하던 제 입장에서는 엄청난 변화입니다. 예술 작품의 발매와 소비의 범위가 외적으로 더욱 넓어지는 현실과 맞닥뜨리는 순간이기 때문입니다. 이는 다른 기성작가들도 느낄 듯합니다.

모두가 NFT 작가인 시대

다양한 NFT 발매 플랫폼이 등장하고 있으며, 이런 플랫폼들은 시장경제의 이치대로 창작자와 대중의 편의에 맞게 개방되고 있습니다. 이에 따라 더욱 많은 NFT 작가와 컬렉터가 생길 것입니다. 이미 NFT 작가를 지향하며 원래 활동한 영역을 넘어 디지털 매체를 다루는 새로운 작가군도 생겼습니다. 이것은 누구나 작가가 될 수 있다는 가능성을 보여줍니다.

저는 이 일이 불러오는 변화를 가장 잘 보여주는 것이 유튜브라고 생각합니다. 유튜브가 등장하기 전 영상 매체와 스토리를 만드는 일은 방송국이나 감독, 배우 같은 전문가의 일이었습니다. 하지만 현재 유튜브에서 콘텐츠를 만드는 대부분은 전문 방송국이나 프로덕션이 아니며, 유명한 연예인이나 직업 방송인, 연기나 콘텐츠에 관해 고등 교육기관의 과정을 수료한 전문가도 아니지요. 일반인이 유튜브를 통해 1인미디어로 활동하며 연예인 못지않은 인기를 누리며 높은 매출을 올리고 있습니다. 오히려 이들의 활약을 보고 전문 방송국에서 역으로 콘텐츠를 제작하는 경우도 있습니다.

누구에게나 허팝이나 박막례 할머니, 헤이지니처럼 '셀럽'이 될 수 있는 기회가 열려 있는 곳이 유튜브이지요. 즉 우리도 마음만 먹는다면 지금 당장 유튜브 채널을 만들 수 있을 것입니다.

하지만 유튜브에는 하루에도 엄청나게 많은 콘텐츠가 올라오며, 업로드되는 동시에 다수의 시청자에게 노출됩니다. 이 중 남들과 다른 콘셉트와 아이디어로 대중의 공감을 얻는 콘텐츠만이 살아남습니다. 그리고 창작자는 그 결과를 실시간으로 알게 됩니다.

NFT 등장 전 미술계도 유튜브 등장 전 영상 매체의 세계와 마찬가지였습니다. 예전에 작가들은 미술을 전문적으로 공부한 사람이었습니다. 작품 활동은 미술관이나 갤러리와 같은 기관의 여러 절차를 거쳐야만 가능했으며, 그 안에서 정해진 룰에 따르며 서로 경쟁해야 했지요.

유튜브가 영상 매체 영역에 불러온 변화를 NFT가 미술계에 불러오고 있습니다. NFT 아트를 통해 화제의 중심이 된 비플은 이전에 제도권에서는 크게 주목받지 못했던 작가입니다. 이러한 인물이 순식간에 세계적인 스타 아티스트인 제프 쿤스, 데이비드 호크니 등과 함께 거론되며 그의 작품 가격은 세계 미술 시장에서 3위로 올라섰습니다.

이런 변화는 미술계를 넘어 모두에게 확대될 것입니다. 그야말로 어제까지 붓 한 번 잡아본 적 없는 사람이 그린 그림이 전문 작가보다 높은 관심을 받을 수 있는 세상이 되었기 때문입니다. 모두가 소비자이면서 창작자도 될 수 있는 시대, NFT가 그 변화를 주도하고 있습니다.

경제적 파급에 따른 부작용

저는 작가와 컬렉터 간의 활발한 교류와 활동으로 예술 시장이 성장하는 일을 긍정적으로 봅니다. 하지만 어떤 영역이든 시장경제와 자본이 도입되면 그에 따른 규모의 성장도 있겠지만 부작용도 함께 생깁니다. 이면의 모든 것이 자본의 관점으로만 움직인다면 예술이 갖는 진정한 가치가 저하되고 왜곡될 수도 있겠지요.

이는 앞으로 우리 모두가 함께 관심을 가져야 할 문제입니다. 우리가 이 문제에 대처하고 이를 해결하는 방식은 이 시대를 살아가는 이들의 문화적 소양과 수준에서 그대로 나타날 것입니다. 예술의 자본화는 어제오늘의 일이 아니지만 NFT가 새로운 시장을 연 만큼 이에 대한 논의도 한참 깊어져야 하겠습니다.

실체는 예술

●

말 그대로 NFT 광풍이 잦아들면 결국 콘텐츠로서 의미 있는 NFT만이 남을 것입니다. 결국 NFT의 실체는 '예술성'과 그대로 이어집니다. 제가 말하는 예술성은 작품의 창작, 표현, 행위 등을 통해 구분되는 장르나 활동들을 뜻하는 것이 아닙니다. 이보다는 그 속에 내포되어 보이지 않는 근본적인 속성에 대한 것입니다. 바로 '특별성'과 '고유성'이지요.

특별성은 세상 어느 것과도 다르게 차별화되는 성질입니다. 고유성은 어느 것에서도 볼 수 없는 유일한 성질입니다. 쉽게 설명을 하자면, 기계로 찍어낸 수많은 공산품 도자기 중에서는 특별성이 존재하는 도자기를 발견할 수 없습니다. 그런데 누군가가 자신의 손으로 빚은 도자기를 공산품 도자기 사이에 놓는다면, 그 도자기는 기존의 도자기들과 다른 특별성을 지닌 도자기가 될 것입니다. 손으로 빚은 도자기에는 당사자의 손으로만 표현할 수 있는 특유의 모양과 흔적들인 고유성이 존재합니다.

만약에 이러한 도자기 세 개가 있다면 각각의 도자기에는 특별성이 있고 그것을 빚은 사람에 따라 표현되는 고유성도 있습니다.

다른 예를 들어보겠습니다. 고흐Vincent van Gogh가 그린 그림은 그만의 생각과 스토리로 차별화된 특별성을 지니며, 오직 그가 아니면 표현할 수 없는 고유성 또한 가지고 있습니다. 이런 속성으로 고흐의 작품은 예술성을 가지게 됩니다.

이를테면 고흐의 자화상은 귀를 자르면서까지 고뇌했던 그만의 스토리가 녹아 있다는 데서 특별성을 지니고, 오로지 그만의 스타일이 있는 붓질로 이 그림을 표현할 수 있다는 데서 고유성을 지닙니다. 이렇게 해서 고흐의 자화상은 이 두 속성이 내포된 예술성을 가지는 것이지요.

이러한 특별성과 고유성은 사실 고흐와 같은 작가만 창조할 수 있는 것이 아닙니다. 계기만 갖춰지면 누구라도 만들 수가 있습니다. 그럼 주변에서 찾아볼 수 있는 쉬운 예를 들어보겠습니다.

출처: rawpixel

자물쇠에 깃든 특별성과 고유성

언제부터, 누가 먼저 시작했는지는 모르지만, 남산의 펜스에
는 자물쇠가 하나둘 채워졌습니다. 지금은 그 숫자가 너무나 많
아져 더 이상 자물쇠를 채울 공간을 찾기가 어려울 정도입니다.

펜스에 자물쇠 채우는 행동은 기능적인 관점에서 보면 아무짝
에도 쓸모없는 일입니다. 그런데 왜 유행을 따르듯 남산에 올라
가면 자물쇠를 거는 것일까요?

그 이유는 바로 사람들의 마음속에 잠긴 자물쇠가 '영원한 사랑'이라는 상징과 믿음으로 존재하기 때문입니다. 그리고 여기서 알 수 있는 사실은, 어떠한 물건이 원래 용도와는 전혀 관련이 없는 의미를 가질 수 있다는 것입니다. 남산의 자물쇠는 본래의 목적처럼 무언가를 잠그는 도구가 아니라, '사랑'과 '추억'을 담고 있는 상징으로 존재합니다.

사람들은 평범한 자물쇠를 남산의 펜스에 채우면서, 실존하는 기능적인 관점이 아닌 눈에 보이지 않는 의미의 관점으로 자물쇠를 생각합니다. 남산 펜스에 수많은 자물쇠가 달려 있는 모습에서 이런 인식이 어느 개인만의 생각이 아니라 많은 사람이 공유한다는 사실도 알 수 있습니다. 물론 자물쇠의 사용 설명서 어디에도 자물쇠를 남산 펜스에 달아라는 문구는 적혀 있지 않지요. 남산 펜스에서 일어나는 이 행위를 통해 우리는 같은 시대를 살아가는 사람들이 공유하는 정서를 느낄 수 있습니다.

남산의 자물쇠는 그것들을 채워놓은 연인에게 세상 어떤 자물쇠와도 다른 차별성을 지닌 특별한 자물쇠가 되었습니다. 함께 적힌 그들의 이름은 그들이 아니면 남길 수 없는 고유성이 담겨 있지요.

어쩌면 이런 특별성과 고유성을 만들려는 욕구는 인간의 본성일지도 모르겠습니다. 우리는 지구상 수많은 사람 중 하나지만

도표 1-9 | 남산의 자물쇠

출처: Pixabay

각자 자신이 특별하고 고유한 존재라고 생각하니까요.

인식의 거점을 만드는 행위

남산 펜스에 걸린 자물쇠는 이미 본래의 기능을 넘어서 특정한 상징을 나타내는 '인식의 거점'이 되었습니다. 이것은 무언가에 의미를 부여하는 인간의 행위가 사물을 바라보는 시각을 얼마나 크게 바꾸어놓을 수 있는지 알려줍니다. 그런 행위 덕분에 그 물건의 가치가 얼마나 크게 바뀔 수 있는지도 함께 보여주지요. 물론 그 가치의 '환전 시세'는 경우에 따라 천차만별이지만 말입니다.

현실 세계에 있는 인식의 거점

이런 사례는 남산에서만 볼 수 있는 것이 아닙니다. 임진강변의 철책에는 통일의 염원을 담은 리본이 줄지어 매달려 있습니다. 특정 인물의 모습을 본떠 만든 동상, 무언가 혹은 누군가를 기념하기 위해 세운 비석, 유품이나 선물로서 특별한 의미를 지니는 물건, 특정 순간 행해진 누군가의 특정한 행위 등도 모두 이에 해당합니다.

아주 먼 옛날 원시 시대 동굴 속에 그려진 벽화에는 인간의 기원, 바람, 믿음 등에 대한 상징이 담겨 있습니다. 여기서 알 수 있듯, 보이지 않는 것을 보이는 것에 담으려는 시도는 최근에 일어난 현상이나 일시적 유행이 아닙니다. 본능적 행위의 하나로서 이런 일을 하고 있는 것이지요.

예를 들어 고인돌, 자유의 여신상, 베를린장벽, 다빈치의 〈모나리자〉 등도 모두 현실 세계 인식의 거점이라고 할 수 있습니다.

가상 세계에 생긴 인식의 거점

앞서 언급한 것들이 모두 현실 세계에서 물리적으로 존재하는 인식의 거점이라면, 블록체인상 NFT는 가상 세계의 거점이라고 할 수 있습니다.

여기서 어쩌면 한 가지 의구심을 품을 수 있을 것입니다. 현실 세계에서는 인식의 거점들이 눈앞에 버젓이 존재하기에, 그 실체를 보고 만지고 인지할 수 있습니다. 하지만 NFT는 가상 세계의 거점이기 때문에 만질 수 없습니다. 그런데 과연 그 존재 여부를 인정할 수 있을까요?

NFT가 지금처럼 화제가 되기 전까지는 이런 의문을 제기하는 사람들이 꽤 많았습니다. 그래서 NFT에 대해 반신반의하는 사람들 또한 많았지요.

하지만 앞서 말한 비플의 작품이 크리스티 경매에서 낙찰된 일을 시작으로 계속해서 다양한 발매 플랫폼에서 여러 NFT가 활발히 거래되고 있습니다. 이렇게 NFT의 가치가 자산으로 증명되는 순간들이 펼쳐지는 지금, NFT가 새로운 인식의 거점이 되었음은 이미 부인할 수 없는 사실입니다.

비플의 NFT가 엄청난 가격에 낙찰된 것은 NFT 표식이 가진 기술적 값어치 때문만이 아닙니다. 그보다는 비플이라는 작가가 5,000일간 하루도 빠지지 않고 세상을 풍자한 생각과 정신이 그 속에 담겨 있기 때문이지요. 즉, 작가만의 특별한 예술성을 인정받았기에 가능했던 일입니다.

이제 비플의 NFT는 단지 디지털 이미지가 아니라 인식의 거점이 되어, 그에 관심을 두는 세상 사람들에게 아주 중요한 존재가 되었습니다. 마치 남산의 자물쇠가 그것을 채워놓은 연인들에게 아주 중요한 인식의 거점이 된 것처럼 말이지요.

이렇게 NFT가 가상 세계에서 인식의 거점이자 그 표식 역할을 할 수 있다는 사실이 명확해지자, 그 뒤를 이어 전 세계에서 여러 NFT가 빠른 속도로 등장하기 시작했습니다. 앞서 언급했듯이, 트위터의 창시자 잭 도시가 NFT로 발행한 최초의 트윗이 고가에 낙찰된 것 역시 SNS 플랫폼과 소통 방식의 발전을 가져온 트위터 플랫폼의 역사적 가치가 그의 창조성 및 도전 정신과 함께 그 NFT 속에 담겨 있기 때문입니다.

마찬가지로 '이세돌과 알파고의 대결' 기보 NFT는 인공지능에게 승리한 인간의 기념비적 성과를, 미국의 영화감독 알렉스 라미레스 말리스의 방귀소리 NFT는 그의 기발한 발상과 독특함을 내포하고 있기에 가치를 가집니다.

NFT를 더 가치 있게 바꾸는 것

세상을 떠들썩하게 만드는 뉴스와 화제는 얼핏 NFT 자체를 대단한 것으로 보이게 할 수도 있습니다. 하지만 그 본질적인 구조와 영향력은 분리해서 바라봐야 하지요. NFT는 가상 세계의 블록체인상에 대체할 수 없는 표식을 새기는 IT 기술일 뿐입니다. NFT의 가치를 결정하는 맥락은 그 기술을 어떻게 활용할 수 있느냐 하는 문제입니다.

지금까지 높은 관심을 받으며 등장한 NFT를 살펴보면, 그 속에는 세상 어느 것과도 다르게 차별화된 특별성과 그 자체의 고유성이 존재합니다. 이것이 NFT의 실체와 예술 작품이 교집합을 갖는 지점입니다. 그리고 여기서 더욱 중요한 것은 바로 그러한 특성을 인지하고 가치로 인정하는 인간의 관점일 것입니다.

2

왜 지금
NFT인가?

고유성과 특별성이 경쟁력인 시대

●

과거에는 생산력이 주요 경쟁력이었습니다. 산업혁명 이후 생산량이 폭발적으로 증가하고 그에 따라 소비도 늘어난 시대에는 얼마나 빨리, 그리고 많이 만들어내느냐가 중요했습니다. 하지만 이제 세상 어느 것과도 다르게 차별화된 특별성과, 어디에서도 볼 수 없는 유일한 고유성이 경쟁력의 지표가 된 시대로 들어섰습니다.

이에 따라 개인뿐만 아니라 기업과 공공기관도 이런 변화에 적응해야 할 필요성이 생겼습니다. 나만이, 우리 기업과 공공기관만이 가진 특별성과 고유성을 어떻게 개발하여 그 가치를 보여줄 수 있는가를 고민해야 하는 때입니다.

지금 우리는 내가 가진 고유성과 특별성의 가치를 발견하고, 이해하고, 나아가 새롭게 창조할 수 있는 능력을 개발해야 합니다. 우리는 어쩌면 지금까지 예술성이란 전문 작가만이 발휘하고 표현하는 것이라고 생각했을지도 모릅니다. 그러나 NFT 시대가 도래하면서 이에 대해 다시 생각해봐야 하는 때가 온 듯합니다.

NFT는 고유성과 특별성의 힘을 그 어느 때보다 분명하게 세상에 드러내는 계기가 되었고, 지금 우리 모두가 이에 주목하고 있습니다. 동시에 예술성 역시 누구나 갖출 수 있음을 경험으로 느끼고 있지요.

NFT 시대는 특별성과 고유성이 각광받는 시대입니다. 이것들이 모두가 지녀야 할 경쟁력이 될 것입니다. 지금 NFT 시대의 변화와 흐름을 잘 살펴본다면, 이 가치들이 어떻게 세상 밖으로 나오게 되는지 이해하는 데 큰 도움이 될 것입니다.

가상 자산이 될 수 있는 NFT의 종류

●

NFT가 가상 세계 자산으로서 가치를 가질 수 있는 근본적인 이유는 '유일무이함' 때문입니다. 현실 세계에서 〈모나리자〉가 유일무이한 것과 같이, NFT로 발매된 작품은 가상 세계에서 세상에 단 하나뿐인 원본 작품입니다.

〈모나리자〉가 최초 창작자인 레오나르도 다빈치에 의해 발표되었다는 사실은 세상 모든 사람이 알고 있습니다. 또 어떤 과정을 거쳐서 현재 루브르 박물관에 걸려 있는지도 미술계 관계자와 전문가에게 잘 알려져 있습니다. 이렇게 그 이력이 다 공개되어 있기에 진품 여부를 의심할 여지가 없지요.

NFT 또한 그렇습니다. NFT는 가상 세계에서 최초 발매자로부터 다른 여러 사람을 거쳐 최종 소장자의 손으로 넘어가는 이력이 명확하게 남습니다. 그렇기 때문에 진품 여부가 분명할 수밖에 없습니다. 다시 정리하면, NFT가 자산 가치를 인정받는 이유는 크게 다음과 같습니다.

1. 가상 세계에서 유일한 원본의 증빙이 가능

2. 최초 발매 이후 소유자가 바뀔 때마다 이력(꼬리표) 증빙이 가능

기본적으로 이러한 개념을 인지한다면 지금 NFT가 어떻게 가상 자산으로서 가치를 갖는지 쉽게 이해할 수 있을 것입니다. 또 시간이 지나 앞으로 등장할 새로운 유형의 NFT 가상 자산에 대해 예측할 때도 도움이 되리라고 생각합니다.

NFT 가상 자산에는 두 가지 유형이 있습니다. 개인이 직접 창작하여 발매할 수 있는 것과 기업, 플랫폼 또는 기관이 발매할 수 있는 것이지요. 그 속성을 나누어 정리한 아래 표를 보면 한눈에 차이를 알 수 있을 것입니다.

도표 1-10 | 자산이 될 수 있는 NFT의 종류

개인 **(누구나 창작·발매)**	1. 디지털 그래픽(그래픽 전용툴, 아이패드, 휴대폰으로 생성한 창작물이나 실물 그림, 영상, 디지털화한 것) 2. 음악, 소리(작곡 프로그램으로 생성하거나 직접 녹음한 것) 3. 밈(휴대폰 등 동영상 촬영이 가능한 모든 기기로 생성한 것) 4. 디지털 사진(디지털 카메라, 휴대폰 등으로 생성한 것) 5. 텍스트 파일(개인 창작한 모든 글, 단어, 문장, 문학, 시, 소설 등) 6. 데이터 파일(개인이 프로그래밍한 모든 것) 7. 개인이 창작하여 디지털화할 수 있는 기타 모든 것
기업 또는 **플랫폼** **(기관에 의한 발매)**	1. 수집품(NBA 탑샷**Top shot**, 스포츠 카드 등) 2. 메타버스 및 게임 속 자산(캐릭터, 아이템, 아바타, 옷, 신발, 토지 등) 3. 패션 브랜드 및 명품의 진위 여부 확인을 위한 NFT 4. 티켓(엔터테인먼트, 공연, 스포츠 등) 5. 각종 증서(기부증, 헌혈증, 기념패 등) 6. 데이터 파일(기업 또는 공공기관에서 프로그래밍한 모든 것) 7. 기타 기업, 플랫폼, 기관 등에서 발매한 디지털화 가능한 모든 것

NFT가 100년 전에도 있었다?

●

우리는 NFT를 새로운 기술로만 받아들이고 있습니다. 하지만 특별성과 고유성 면에서 보면, 지금의 NFT 예술 작품과 같은 개념은 이미 100년 전에도 존재했다고 할 수 있습니다.

200억짜리 변기의 탄생

1917년 프랑스의 예술가 마르셀 뒤샹Marcel Duchamp은 평범한 변기에 작품명을 〈샘〉이라 이름 붙이고 '머트Mutt'라는 거짓 서명을 하여 권위 있는 미술관에 전시하는 황당한 사건을 벌였습니다.

물론 미술관 측은 이 변기를 작품으로 받아들일 수 없었기에 뒤샹의 시도에 거세게 항의하였습니다. 미술 평론가들 사이에서도 이 변기는 조롱의 대상이 되었습니다. 하지만 이 사건은 사람들 사이에서 계속 화제가 되고 회자되었지요. 그리고 관점을 바꾸어 바라보면 무엇이든 예술이 될 수 있다는 인식을 심는 데 크게 기여했습니다. 사람들은 점차 이런 인식을 받아들였습니다. 결국 이러한 변화는 현대 미술사의 변곡점이 된 '개념 미술'이라는 장르를 탄생시켰습니다.

그렇게 뒤샹의 변기는 미술사에 한 획을 그으며 점점 더 유명한 '작품'이 되었고, 82년이 지난 1999년에 뉴욕 소더비 경매에서 1700만 달러(약 200억)에 낙찰되었습니다.

　대상을 어떻게 바라보는가에 따른 차이, 즉 관점의 차이로 이 변기는 개념 미술의 시작이라는 미술사적 가치가 담긴 특별성을 지니게 되었습니다. 또 뒤샹이 여기에 남긴 'Mutt'라는 흔적으로 다른 어떠한 변기도 대체할 수 없는 고유성을 가지게 되었지요. 이렇게 평범한 변기가 특별성과 고유성을 획득하면서 엄청난 가치를 가진 '작품'이 되었습니다.

도표 1-11 | 마르셀 뒤샹, 〈샘Fountain〉

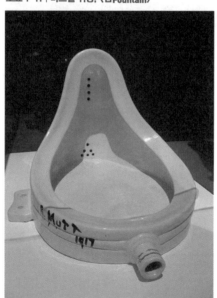

출처: Wikimedia Commons

특별한 작가만의 '똥'

뒤샹의 〈샘〉이 발표된 지 44년이 지난 1961년, 이탈리아의 예술가 피에로 만초니Piero Manzoni는 자신의 대변 3그램을 통조림에 담아 〈예술가의 똥〉이라고 이름 붙였습니다. 그리고 당시 금 3그램의 가격과 동일하게 값을 매겨 판매하였지요. 약 60년이 지난 2016년, 이 똥이 담긴 통조림은 밀라노 경매를 통해 금보다 훨씬 비싼 27만 5,000유로(약 3억 6천만 원)의 가격에 거래되었습니다.

도표 1-12 | 만초니의 작품 〈예술가의 똥Artist shit〉

출처: wikimedia commons

월드와이드웹

2021년 6월, 영국의 컴퓨터 과학자 팀 버너스리는 자신이 창시한 인터넷 정보망 '월드와이드웹'의 원본 코드를 NFT화해 소더비 온라인 경매에 내놓았습니다. 그리고 이것은 540만 달러에 낙찰되었지요. 뒤샹의 〈샘〉이 미술사에 새로운 개념을 탄생시키며 이후 예술을 바라보는 시각을 바꾸었듯이, 이 코드 또한 새로운 웹 환경을 조성하여 인류의 삶을 통째로 바꾸었습니다. 이렇게 IT 기술 역사의 변곡점이 된 이 코드는 당연히 일반적인 컴퓨터 코드가 아닌 특별성을 지닌 코드입니다. 또한 이것은 월드와이드웹의 창시자 팀 버너스리에 의해 NFT화되었기에 고유성의 가치를 지니게 되었습니다.

도표 1-13 | 소더비의 WWW 소스 코드 NFT 경매 결과

출처: 소더비 홈페이지

2부

NFT로
만나는
새로운 부

NON-

FUNGIBLE

TOKEN

3
NFT의 가치는
어떻게 알 수 있을까?

원본임을 증명하는 NFT의 특성상 예술 작품과 디지털 이미지에 주로 접목되며 수많은 창작자가 참여하기 시작했습니다. 그리고 이들의 가치 있는 NFT를 구매하려는 소비자와 투자자도 나오고 있습니다. 개인적인 소장 욕구도 있겠지만 NFT 등 블록체인 기술을 활용한 비즈니스의 잠재성에 대한 기대가 클 것입니다. 투자 방식의 다양화로 NFT에 호기심을 갖고 투자하려는 이들도 많겠지요. 또한 아직 가상 자산에 관심이 없는 이들까지 진입한다면 시장은 더욱 커지겠지요. 하지만 단기 투자 목적으로만 NFT 를 보는 것은 NFT 시장의 거품을 만드는 일이 될 것입니다. 때로는 '팬심'을 갖고, 때로는 수집가의 입장에서 가치 있는 NFT에 차근차근 접근해야 기회는 열리고 실망하지 않을 것입니다.

시장이 커지면서 NFT 플랫폼 또한 발전하고 있습니다. NFT 플랫폼 서비스를 통해 누구든 자신이 만든 NFT를 발매하거나 다른 사람의 NFT를 구매할 수 있으며, 좋은 기회에 재판매할 수도 있지요. NFT 작품을 만들거나 감상하는 데 그치지 않고 매매에 참여함으로서 자산을 늘릴 수 있습니다.

NFT 구매는 누구나 할 수 있습니다. 그러면 가치 있는 NFT를 구매하기 위해서는 어떠한 안목을 갖춰야 하는 것일까요? NFT 구매는 현실에서 예술품을 구매하는 일과 거의 같습니다. 예술품이 존재하는 곳이 현실 세계냐 가상 세계냐 하는 환경의 차이가 있지만, 결국 작품을 보고 가치를 결정하는 것은 인간이기 때문입니다.

NFT가 가치를 갖는 원리 또한 현실 세계의 미술품이 가치를 갖는 원리와 상당히 비슷하며, 이를 보여주는 실례는 3부에서 자세히 이야기할 것입니다. NFT 컬렉션의 역사는 이제 시작되었습니다. 그렇기에 실제 예술품이 컬렉팅되는 과정을 참고해 NFT

작품을 고르는 안목을 기를 수 있을 것입니다. 이때 무엇보다 중요하게 생각해야 할 것은 바로 '레어성'입니다.

레어성

●

'레어rare'를 사전적으로 보자면, 형용사로 '드문', '보기 힘든', '진귀한', '희귀한'이라는 뜻을 지니고 있습니다. '성(性)'은 사물이 가지고 있는 고유의 특성을 뜻하지요.

특별성과 고유성, 대중적 공감 사이에서 발생하는 이 독특한 성질을 정의할 다른 말을 찾기 전까지, 일단 저는 '레어성'이라고 표현하도록 하겠습니다.

NFT 작품의 가치는 레어성이 정한다고 해도 과언이 아닙니다. 레어성이란 앞서 설명한 특별성과 고유성을 갖추고, 거기에 대중적 공감까지 얻어야만 획득할 수 있는 성질입니다.

작가만의 매력, 대체할 수 없는 유일함은 특별성과 고유성을 만들어냅니다. 고흐의 작품에는 그만의 스토리가 부여하는 특별성이 담겨 있고, 더불어 오로지 그만이 할 수 있는 독특한 붓터치와 스타일이 증명하는 고유성 또한 담겨 있습니다. 이렇게 고흐의 그림은 고흐 당사자가 아니면 이 세상 누구도 그려낼 수 없습니다.

하지만 특별성과 고유성을 지녔다고 해서 반드시 가치를 가지는 것은 아닙니다. 높은 가치는 대중적 공감이 더해져야 비로소 생겨납니다. 고흐가 살아생전에 작가로서 높게 평가받지 못한 것은 당시 그의 그림이 사람들로부터 공감을 얻지 못했기 때문이지요.

그럼 대중적 공감이란 무엇일까요? 쉽게 말해, 다수가 알고 이해하고 동감하는 것입니다. 주변에서 흔히 접할 수 있는 컵을 예로 들어보겠습니다. 테이블 위에 여러 가지 모양의 컵이 있습니다. 우리는 그 컵들의 모양을 인지함과 동시에 그 용도를 파악합니다. 일반적으로 물을 마시는 유리컵인지, 차를 마시는 찻잔인지, 와인을 마실 때 쓰는 와인잔인지, 아니면 한 번 쓰고 가볍게 버리는 종이컵인지 단번에 알아챌 수 있지요.

컵의 모양도 쓰임도 모든 사람이 그간의 경험이나 학습으로 알고 있습니다. 나만이 아니라 모든 사람이 보편적으로 똑같이 알고 있는 것입니다. 즉, 컵은 대중적 공감을 얻은 상태입니다.

하지만 특별성과 고유성이 그 자체만으로 가치를 얻을 수 없듯이, 대중적 공감도 그 자체만으로는 가치를 갖지 못합니다.

어디서나 흔하게 볼 수 있고 누구나 쉽게 구할 수 있는 컵에 비싼 돈을 지불할 사람은 세상에 없을 것입니다. 어떤 컵이 높은 가치를 지니려면 반드시 특별성과 고유성을 함께 갖춰야 합니다.

특별성과 고유성은 다른 대상을 배제하는 성격을 띠고 있습니다. 또 주관적인 성격이 강합니다. 반면 대중적 공감은 보편성을 띠며 객관적인 성격이 강합니다. 굉장히 흥미롭게도 전혀 다른 것 같은 이 성질들이 동시에 한곳에 공존할 때, 그 사이에서 등장하는 것이 바로 레어성입니다.

레어성의 발생과 강화

고흐가 살아 있을 때 그의 그림에는 특별성과 고유성밖에 없었습니다. 당시 대중은 고흐가 생활고를 견디며 그림을 그리는 상황, 고뇌 속에 귀를 자른 일화, 그의 그림 속 독특한 형식과 색채 같은 것에 전혀 관심을 두지 않았지요. 심지어 폴 세잔은 고흐의 그림을 "미치광이의 그림"이라고 혹평할 정도였습니다. 끝내

도표 2-1 | 레어성의 발생 요건

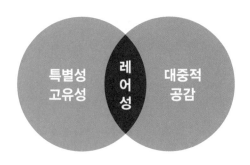

고흐는 자신의 그림이 인정받는 모습을 보지 못하고 죽었습니다.

하지만 고흐가 죽고 시간이 흘러 그의 그림은 전 세계에서 엄청난 대중적 공감을 얻습니다. 그렇게 된 이유에는 인식의 전환이 있습니다. 고흐가 살던 시대에는 사진처럼 사실적인 표현을 한 그림이 예술적인 가치를 갖는다고 생각했습니다. 그래서 사실적이지 못한 그의 그림은 주목받지 못했던 것이지요. 하지만 예술에 대한 관점이 달라지면서 사람들은 사실적인 그림에서 표현할 수 없고 내면의 감정을 이미지화하는 그림에 주목했습니다.

그렇게 점점 수많은 사람이 고흐의 그림에 관심을 갖자 고흐는 미래의 미술 사조를 예견한 천재 화가로 유명세를 얻었습니다. 고흐의 인생과 일화도 널리 알려지면서, 사람들은 그가 살아생전에 고뇌한 흔적을 보고 그의 힘겨웠던 삶을 이해하게 되었지요.

고흐의 그림이 특별성과 고유성뿐만 아니라 대중적 공감까지 얻은 것입니다. 이때부터 레어성이 발생하기 시작했습니다.

고흐의 천재성과 삶의 일화가 많이 알려질수록 그의 그림을 보고싶어 하고 수집하고 싶어 하는 사람들이 많아졌습니다. 하지만 어린 시절부터 그림을 그린 다른 화가들과 달리 고흐는 20대 후반부터 그림을 시작했고 37세 나이에 생을 마감해 그의 그림은 한정되어 있습니다. 게다가 유명한 작품들은 거의 생애 마지막

출처: Pixabay

2년 동안 남긴 작품이어서 그 레어성의 가치는 점점 더 올라갑니다.

이렇게 특별성과 고유성, 대중적 공감이라는 속성들이 점점 더 뚜렷해지며 강력하게 그 특성을 발휘할수록 레어성 또한 점점 더 커집니다.

레어성을 가진 NFT 예술품

NFT 작품이 가치를 갖게 된 것도 바로 이러한 원리에 따른 일입니다. 즉, 레어성을 인정받았다는 것이지요. 비플은 〈매일: 처음 5,000일〉에서 독특한 관점으로 세상을 풍자하여 자신만의 스타일을 통해 특별성과 고유성을 드러냈습니다. 그 작품을 세계

가 인정하는 크리스티라는 기관에서 경매를 진행하여 대중적 공
감성도 갖게 했지요. NFT라는 시대의 새로운 인식 거점으로 인
해 대중은 이 작품에 더욱 주목했습니다.

트위터의 창시자 잭 도시의 최초 트윗도 마찬가지입니다. 만
약에 트위터가 전 세계 사람들이 쓸 정도로 인기를 얻지 못했다
면, 그의 트윗에는 나름의 특별성과 고유성만이 존재했을 것입
니다. 하지만 트위터는 아주 유명한 플랫폼이 되었고, 이로써 그
의 트윗도 대중적 공감을 얻을 수 있었습니다.

이세돌이 알파고를 상대로 승리한 대국의 기보 NFT, 인류의 삶
을 송두리째 바꾼 월드와이드웹 소스 코드의 NFT, 어몽 어스를
닮은 맥너겟 등도 그 특별성, 고유성과 함께 대중적 공감까지 확
보했기에 레어성을 인정받은 사례라 할 수 있습니다.

대중적 공감의 요인

●

NFT는 창작자 자신만의 생각이 담긴 것이며 직접 발매하는
것이기에, 작품 생성과 동시에 특별성과 고유성은 자연적으로
얻을 수 있습니다. 그렇다면 레어성 발생을 위한 다른 한 가지 요

소인 대중적 공감은 어떻게 생기는 것일까요? 이를 알아둔다면 NFT를 창작할 때나 투자할 때 참고할 수 있을 것입니다.

대중적 공감의 발생 요인에는 여러 가지가 있겠지만, 대표적인 것으로는 크게 네 가지를 꼽을 수 있습니다. 첫 번째는 권위 있는 기관이나 인물로부터 나오는 공신력이며, 두 번째는 마니아적 공감대, 세 번째는 유명 브랜드와의 콜라보레이션, 네 번째는 시대적 변화입니다. 이는 NFT의 가치를 논할 때 빼놓을 수 없는 요소이기도 합니다.

그럼 지금부터 대중적 공감의 요인을 하나씩 살펴보겠습니다.

첫 번째, 공신력

① 검증된 경매소 : 소더비와 크리스티

예술품의 가치를 결정하는 데 공신력 있는 기관의 공표는 매우 중요하게 작용합니다. 대표적 기관으로는 소더비와 크리스티라는 세계적인 경매소가 있습니다. 소더비는 1744년에 설립되어 초기에는 헌책, 동전 등을 취급했으나 나폴레옹 **Napoleon** 사망 후 그의 유품을 경매하여 유명세를 타기 시작했고, 그 뒤 미술품 분야로 사업을 확장했습니다. 1766년에 설립된 크리스티는 초창기에는 보석을 거래하다가 점차 와인, 미술품 등으로 영역을 넓혔습니다. 이들의 시작은 달랐으나 두 곳 모두 2세기 이상에 걸쳐 예술품, 소장품 등의 가치를 감정하며 강력한 영향력을 미치는 기관으로 자리 잡았습니다.

그 영향력이 어느 정도에 달하는가 하면, 어느 작가의 작품이 소더비나 크리스티에서 경매에 붙여질 예정이라고만 해도 그 작가의 다른 작품들 가격이 들썩일 정도입니다. 이 기관들은 오래 진 설립 시점부터 지금까지 한결같이 세계 예술품 시장에서 막대한 영향을 주고 있지요. 소더비와 크리스티는 각각 278년 256년 역사를 갖고 있습니다. 그들이 오랜 시간 동안 공신력을 지킬 수 있었던 것은 상업성뿐만 아니라 미술사적 가치를 중요하게 생각하는 곳들이기 때문입니다. 그곳에서 NFT 미술 시장에 진출한 것은 NFT의 잠재성과 가치를 미리 알아봤다고 할 수 있습니다.

도표 2-3 | 소더비(좌)와 크리스티 미술관(우)

출처: wikimedia commons

② 권위 있는 미술관과 갤러리

작품이 권위 있는 미술관이나 갤러리(상업 화랑)에 초청받는 것은 명예와 공신력을 동시에 얻는 일입니다.

미술관의 경우 수많은 미술 전문가와 학예사에 의해 선택된, 미술사적 가치가 있는 작품을 전시합니다. 전시는 미술관의 권위와 수준에도 직접적인 영향을 주기 때문에 많은 고심을 하여 그에 걸맞은 작가를 섭외하지요.

특히 갤러리는 시장성 있는 작품을 전시하게 됩니다. 시장성이 없다면 전시를 이어갈 수 없기 때문에 그 목적에 맞는 작가를 섭외합니다. 세계적으로 유명한 갤러리에 섭외된다는 것은 그 작가의 작품이 높은 상업적 가치와 대중적 공감성을 지니고 있다는 의미입니다.

도표 2-4 | 영국 미술관 테이트모던Tate Modern

출처: wikimedia commons

현재 NFT 아트는 시작 단계여서 아직 미술관이나 갤러리에서 전시가 활발하게 이루어지지는 않습니다. 이는 코로나19의 영향도 있을 것입니다. 하지만 NFT 또한 미술사에 영향을 주는 지대한 거점이 될 것이며, 주목받는 작품들 또한 계속해서 등장할 것입니다. 따라서 곧 미술관이나 갤러리에서도 NFT 전시를 흔하게 관람할 날이 오리라 예상합니다.

③ 유명 언론 매체와 저널

영향력 있는 언론에서 작가와 작품에 대해 언급하는 일 또한 작가와 작품의 이미지 상승에 큰 도움을 줍니다. 이를 보여주는 가장 대표적인 사례로 NFT 아트 〈크립토펑크CryptoPunks〉 시리즈를 들 수 있습니다. 소프트웨어 개발자 매트 홀Matt Hall과 존 왓키슨John Watkinson이 2017년에 실험적으로 진행한 NFT 프로젝트입니다. 8비트 픽셀 이미지의 토큰으로, 크립토펑크가 개발될 때는 표준 기술인 ERC-721이 없었기 때문에 ERC-20을 변형하여 토큰을 발행했습니다. 각기 다른 펑크들이 탄생한 방법들은 이후 ERC-721 개발에 많은 영감을 주었습니다.

크립토펑크는 남자, 여자, 좀비, 유인원, 외계인 이렇게 다섯 개 캐릭터로 구성됐으며, 이 캐릭터에 액세서리나 의상 등 디테일한 속성을 랜덤하게 추가해 1만 명의 독특한 캐릭터가 탄생했

도표 2-5 | 〈크립토펑크〉시리즈

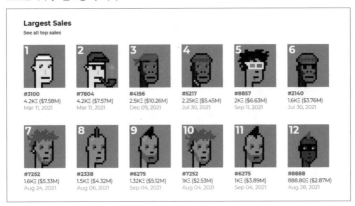

출처: 크립토펑크 홈페이지

습니다. 이중 1,000개는 개발자가 가지고 나머지 9,000개는 무료로 발매됐습니다. 하지만 크립토펑크는 처음 세상에 등장했을 때 크게 주목을 끌지 못했습니다. 무려 9,000개가 무료로 발매되었는데도 취득한 사람은 극소수였지요. 그러나 몇 주 후 〈매서블 Mashable〉이라는 미국의 IT 전문 매체가 크립토펑크가 가상 세계 디지털 작품의 큰 변화를 보여준다고 언급하자, 그 수요는 기하급수적으로 늘었고 낙찰가도 평균 몇 억 원에서 최대 몇 십억 원대에 달하게 되었습니다.

④ 영향력 있는 평론가

영향력 있는 평론가의 글은 작가와 작품이 미술사적으로 어떠한 의미가 있는지 대중에게 알려주는 효과적인 수단이 됩니다. 전문성 있는 해석과 의견으로 신뢰성도 크지요. 뒤샹이 미술관에 가져다 놓은 평범한 변기 하나가 개념 미술이라는 장르를 탄생시키며 미술사적인 가치를 갖게 된 것도 다른 요인도 있었지만 새로운 시선으로 변기를 바라본 일부 평론가의 영향도 컸습니다.

두 번째, 마니아적 공감대

'덕후'가 세상을 바꾼다는 이야기가 있습니다. 마니아적 공감대는 어떠한 대상을 열렬하게 좋아하는 사람들이 가지는 집단의 공감을 뜻합니다. 모든 수집품 시장이 그렇듯이, NFT 시장의 컬렉션에 있어서도 마니아층의 형성이 매우 중요합니다.

얼마 전 맥도날드에서 파는 너겟 하나가 경매에 올라 9만 9,997달러(약 1억 1천만 원)에 낙찰되는 일이 있었습니다. 일반인 관점에서는 납득이 안 되는 상황일 수도 있지만, 이 '맥너겟' 모양이 〈어몽 어스 Among Us〉라는 게임의 캐릭터와 비슷하다는 이유로 그 게임 메니아들 사이에서 낙찰 경쟁까지 벌어졌습니다.

앞서 언급한 고양이 키우기 게임 크립토키티의 경우도 마찬가지입니다. 새로 태어난 희귀종 고양이가 고가에 낙찰이 될 수 있었던 것은 그 게임의 마니아들이 있었기 때문이지요.

도표 2-6 | 어몽 어스 게임 화면

출처 : 어몽 어스 홈페이지

　이러한 마니아들의 관심과 이슈는 그 NFT를 모르는 일반인들의 이목을 끄는 데서 그치지 않고, 나아가 새로운 마니아들을 불러들이는 요인이 됩니다.

　따라서 어떠한 작품의 진가가 발휘되게 하려면 관심 있는 집단에 선보이는 일이 매우 중요합니다. 즉, 가치란 필요한 곳에 필요에 맞게 존재할 때 더욱 높게 측정되는 법입니다.

　앞으로도 수많은 NFT 작품이 탄생할 것입니다. 특색 있는 NFT와 그 특색에 관심 있는 콜렉터 간의 연결 지점을 잘 파악하는 일이 중요하리라 생각합니다.

도표 2-7 | 크립토키티 게임의 다양한 고양이 종류

출처: 크립토키티 홈페이지

세 번째, 유명 브랜드와의 콜라보레이션

아티스트와 브랜드와의 만남은 흔한 일입니다. 기업에서는 브랜드의 이미지를 대중에게 깊게 각인시키거나 새로운 이미지를 주고자 할 때 아티스트의 작품을 활용하는 경우가 많습니다. 아직까지는 NFT 작가의 작품이 유명 브랜드와 만난 사례는 많지 않습니다. 이더리움 네트워크의 탄생 6주년을 기념해 NFT 아티스트인 트레버 존스Trevor Jones, 알로타 머니Alotta Money, 세계적인 DJ인 돈 디아블로Don Diablo가 이더리얼 콜렉션ETHEREAL collection이라는 콜라보레이션을 진행한 사례 등이 있긴 하나 대표적으로 눈에 띠는 사례는 많지 않습니다.

하지만 현실 세계에서는 많은 사례를 찾아볼 수 있습니다. 일본 팝아트 작가 무라카미 다카시(村上隆)와 프랑스의 대표적 명품 브랜드 루이비통도 그중 하나입니다. 일본을 상징하는 만화, 우키요에(에도 시대 목판화 양식), 오타쿠 문화를 예술로 끌어올린 작품들로 유명한 무라카미 다카시는 세계적인 패션 브랜드 루이비통과 협업을 통한 상품을 출시하여 세계적인 명성을 더욱 높였습니다.

루이비통 브랜드는 이미 대중들에게 명품의 상징으로 공감대가 형성됐습니다. 그래서 협업한 아티스트와 작품의 이미지는 대중에게 더욱 친숙하게 다가갈 수 있었습니다.

이 원리는 유명 브랜드뿐만 아니라 유명인에게도 마찬가지로 적용됩니다. 이를테면, 모두에게 알려진 유명 배우 또는 유명인이 어떤 작품을 소장했거나 그 작품과 관련된 이벤트를 벌인다면, 작품에 대한 대중적 공감이 더욱 커지겠지요.

저 또한 BMW사의 브랜드 MINI와 협업한 사례가 있습니다. 킨텍스에서 개최된 모터쇼 현장에서 라이브로 진행된 행사는 저에게 좋은 경험이었고, 일반인들과 MINI 마니아들 사이에 이름을 알린 계기가 되기도 했습니다. 무엇보다 아트 협업은 기업 입장에서나 예술가 입장에서나 작품에 새로운 변화를 시도해볼 수

도표 2-8 │ 저자와 MINI사가 2013년에 진행한 협업 작업

출처: 저자 제공

있는 좋은 기회입니다. 지금까지 미술 작품과 관련한 다양한 콜라보레이션이 시도되었듯이, 앞으로 기존 브랜드들과 NFT 작가 사이에서 다양한 콜라보레이션이 이뤄질 듯합니다.

네 번째, 시대적 변화

소더비에서 작품이 낙찰된 '팍'은 NFT 시대 이전부터 계속 활동하고 있었지만, 그 명성이 크게 알려지지 않은 작가였습니다. 하지만 점점 높아진 NFT에 대한 관심과 함께 주목을 받으며 작품의 가격도 높아졌습니다. NFT라는 큰 이슈와 그에 공감하는 대중 덕분에 작품이 새롭게 평가된 것입니다.

어느 시대에나 큰 변화가 일어날 때는 평가의 기준도 함께 달라집니다. 시대적 변화를 좀 더 좁은 폭에서 살펴본다면 과학 발전, 신기술의 등장, 새로운 개념의 정립, 트렌드 등으로 생각할 수 있을 것입니다. 이런 변화와 함께 이전에는 별로 관심을 받지 못하던 작품 또한 새롭게 주목받을 수 있습니다. 고흐가 그린 그림 역시 예술에 대한 새로운 개념과 흐름이 생기고, 사람들의 시선이 변화하면서 새로운 공감대가 형성돼 주목받을 수 있었습니다.

4
NFT는 어떻게
컬렉팅해야 할까?

앞서 레어성이 무엇인지, 레어성을 만들어내는 여러 요인이 무엇인지, 미술 시장의 흐름과 현실에 대해 간략하게 훑어보았습니다. 현실 세계 미술 시장에 대해 알면 NFT 시장을 접했을 때 더 쉽게 적응할 수 있습니다. NFT 작품을 보는 안목을 키워나갈 때 이를 꼭 참고하셨으면 합니다. NFT 작품을 고를 때는 그 속에 레어성이라는 요소가 보이거나 잠재하는지 살펴보고, 자신만의 소신과 감각을 더한다면 훌륭한 컬렉터가 될 수 있을 것입니다.

그럼 이제부터는 NFT를 컬렉팅하는 방법을 알아보겠습니다.

NFT 플랫폼 알기

●

NFT가 언론과 대중의 뜨거운 관심을 받으면서 작품을 직접 소유하려는 사람들이 점점 늘어나고 있습니다. 누군가가 구매한 NFT의 가격이 순식간에 수십 배가 되었다는 뉴스가 들리고 스타 아티스트들이 탄생하지요. 이런 NFT 시장에 참여하려면, 무엇보다 먼저 NFT 작품을 구매할 수 있는 곳을 알아야 합니다.

이름을 들어보았거나 지인이 추천했다고 해서 특정 플랫폼을 무작정 선택하기보다는 다양한 NFT 플랫폼 사이트를 방문해보는 것이 좋습니다. 각 플랫폼별로 작가와 작품의 성향 그리고 거래하는 코인의 종류와 방법이 다양하므로, 어떤 플랫폼이 나의 성향에 맞을지 잘 살펴보아야 합니다.

예를 들어 작품 발매 방식에 따라서도 크게 구분되는데 작품을 자체 심사하는 니프티게이트웨이나, 슈퍼레어 같은 플랫폼이 있습니다. 심사를 통해 선발된 창작자들만 작품을 올릴 수 있기 때문에 작품의 수준이 높습니다. NFT 창작자를 지원하는 이들이 많기 때문에 선발 시간이 오래 걸립니다. 반면 누구나 별다른 절차 없이 작품을 발행할 수 있는 곳이 있습니다. 오픈시나 테조스 같은 곳입니다. 이곳은 자유롭게 작품을 올리기 때문에 훨씬 다양한 작품이 있지만 작품의 수준도 제각각입니다. 국내에서도 플랫폼이 계속해서 생기기 때문에 외국 플랫폼에 진입 장벽이 느껴진다면 카카오의 클립, 에덴루프edenloop, 메타파이, 메타갤러시아 같은 국내 플랫폼들도 찾아보시길 추천합니다.

그다음으로 관심이 가는 플랫폼에 가입하여 메일 주소를 기입하고, 관심 작가를 체크하면 됩니다. 대부분의 플랫폼은 새로운 작품이 발매될 때마다 컬렉터에게 안내 이메일을 발송하는 서비스를 제공하고 있습니다. 이러한 방법으로 관심 가는 아티스트의 작품에 대한 정보를 지속적으로 얻을 수 있습니다.

이것은 오프라인에 있는 여러 갤러리를 둘러보는 일과 같습니다. 그 갤러리만의 특성을 알아보고 작품을 감상하며, 그곳의 담당자와 관계를 맺는 일에 해당하겠지요.

다음 표의 국내외 NFT 플랫폼을 참고해서 차례로 방문하여 살펴보고, 첫 거래를 시작할 플랫폼을 선택해보시기 바랍니다(자세한 사항은 163쪽 참조).

해외	국내
• 오픈시 https://opensea.io	• 클립드롭스 https://klipdrops.com
• 레어러블 https://rarible.com	• 메타파이 https://metapie.io
• 슈퍼레어 https://superrare.com	• 메타갤럭시아 https://metagalaxia.com
• 니프티게이트웨이 https://niftygateway.com	• 에덴루프 https://edenloop.net
• 파운데이션 https://foundation.app	• 마이템즈 https://mytems.io/

NFT 작품 선택의 기준

●

NFT 작품의 구매와 관련해 모두가 고민하는 문제는 크게 두 가지일 것입니다. 바로 '구매하려는 NFT가 내 마음에 드는 작품성을 지니고 있는가'와 '내가 구매한 NFT의 가치가 미래에 얼마나 상승할 것인가'이지요.

이는 NFT 작품뿐 아니라 현실 세계의 작품을 수집할 때도 하는 고민입니다. 그렇기에 이 모든 것을 전반적으로 바라보는 관점에서 작가와 작품 그리고 컬렉팅에 대한 이야기를 해보겠습니다.

진정한 소장 욕구

마음에 드는 작품을 발견했다면 구매하기에 앞서, 먼저 이 작품이 정말로 내 마음에 드는지 다시 한 번 생각해야 합니다. 이때 '마음에 든다'의 기준은 작품의 물질적 투자 가치가 아니라 작품 자체가 주는 예술적 만족도입니다.

작가의 이력도 좋은 작품을 고르기 위한 참고 사항이 될 수 있습니다. 실제 작품의 경우 작가 이력은 도록이나 인터넷 검색을 통해 알 수 있시요. NFT 작품은 어떤 사람들을 거쳐왔는지 거래 플랫폼에서 그 내역을 살펴볼 수 있으므로 그 일이 도움이 될 것입니다. 예를 들어 명망 있는 콜렉터가 수집한 적이 있는지, 아니면 단순히 흥미 위주로 샀다가 판 작품인지 등을 알아볼 수 있을 것입니다. 그리고 작품에 관련된 인터뷰 기사, SNS, 출판물 등을 찾아보며, 작가가 작품을 통해 어떠한 메시지를 전달하려 하는지 알아보는 것도 좋습니다. 물론 작품은 작가의 생각이 추상적으로 표현되기에, 그 속에 담긴 작가만의 메시지나 스토리, 철학을 한번에 이해하기란 굉장히 어렵습니다. 사전조사를 통해 작품의 정보를 안다면 새로운 눈으로 작품을 볼 수 있고 작품 구매에 대한 만족도가 훨씬 높아질 수 있습니다.

이해가 부족한 상태에서 NFT의 열기와 여론에 휩쓸려 일단 사고 보는 '투자붐'에 동참한다면 이후에 투자 열기가 식었을 때 작품 구매를 후회할 수 있습니다. 앞으로 NFT 작품 시장이 커짐에 따라 수많은 NFT가 쏟아지고 그중에서 가치를 인정받는 작품은 소수일 것입니다. 무턱대고 고가의 NFT를 구매한 다음 후회하고, 되팔 수도 없게 된다면 작품이 나의 NFT 지갑 속에서 애물단지로 남을지도 모릅니다.

실제 갤러리에서도 작가와 작품 투자에 대한 유행이나 과시욕 때문에 작품을 구매했다가, 시간이 지나 반품을 요구하는 사례를 종종 볼 수 있습니다. 이렇게 되면 갤러리와 구매자 모두가 곤욕을 치릅니다.

하지만 정말로 작품 자체가 마음에 들어서 NFT를 구매한다면, 주변 상황의 변화와 상관없이 작품을 소유한다는 사실만으로 만족을 느낄 수 있습니다. 작가가 인고의 과정을 거쳐 완성하여 한정판으로 발매한 NFT 작품을 오직 나만이 간직할 수 있는 특권을 갖게 되니까요.

정말로 안타까운 것은 이런 특권이 주는 기쁨이 어떠한 감정인지 글로써 설명하기가 쉽지 않다는 사실입니다. 실제로 작품을 구매한 적이 없다면, 구매하고 만족감을 느끼는 사람들의 모습에서 그 기쁨의 크기를 짐작해볼 수 있겠지요. 비유하자면 자신과 정말로 마음이 잘 통하는 사람과 친밀한 관계가 된 것과 같은 기분이라고 말할 수 있을 듯합니다.

이렇게 작품을 이해하고 그것이 내포한 예술적 가치에 공감하여 작품을 구매한 경우, 보통은 그 작품의 가치가 상승하는 데 신경 쓰지 않고 계속 소장하는 경우가 많습니다.

작가에 대한 관심

작품에 대한 소장 욕구에서 구매를 한 컬렉터는 작가와 작품에 지속적인 관심을 갖습니다. 이런 관심은 곧 작가의 행보와 그의 미래 작품에 담긴 스토리까지 공감하고 이해하는 과정으로 이어집니다. 작가와 그의 작품 세계 자체에 집중하는 것입니다.

그리고 컬렉터의 이러한 행동은 창작하는 작가가 계속해서 작품 활동을 하는 심적·경제적 원동력으로 작용합니다. 이렇듯 작품이 주는 예술성 자체에 대한 만족으로 시작된 컬렉팅은 작가가 새 작품을 만드는 동기를 불어넣을 수 있습니다.

소장하기 위한 구매를 기본으로 차츰 컬렉팅 경험을 쌓다 보면 관심을 가지고 있는 작가의 성향을 파악하고 앞으로 어떠한 작품을 내놓을지, 또 어떻게 성장할지도 가늠할 수 있을 것입니다.

내가 작품을 구매하고 관심을 기울이는 작가가 앞으로 어떻게 발전할지 예측하는 것은 예술적 만족도뿐만 아니라 자산 투자 측면에서도 매우 중요한 일입니다. 우리 시대의 문제, 우리 사회의 변화에 대해 작가가 어떻게 반응하고 있는지 지켜보세요. 또 미술계에서 어떠한 인맥과 연결되어 있는지 어떤 작가를 좋아하고 어떤 작가가 좋아하는지 살펴보는 것도 좋습니다. 이 모든 요

작가가 앞으로 어떻게
발전할지 예측하는 것은
예술적 만족도뿐만 아니라
자산 투자 측면에서도
매우 중요한 일입니다.

소가 차후 작품 가격의 실질적인 상승 요인과 이어지기 때문입니다.

슈퍼스타들의 NFT

시장에서 가치를 인정받고 브랜드가 완전하게 자리 잡은 작가의 작품은 안정 자산이 될 가능성이 높습니다. 이는 실제 미술 시장 뿐만 아니라 NFT 미술 시장에서도 적용되는 이야기입니다.

그렇기에 자금의 여유가 있다면 브랜드가 된 유명 작가의 작품을 컬렉팅하는 것 또한 좋은 방안이 될 것입니다. 이런 작품을 선택하면 편안한 마음으로 작품을 소유하면서 자산을 불릴 기회도 노려볼 수 있을 것입니다. 인지도나 인기가 높은 작가의 작품은 그 작가의 이름이 다른 모든 설명을 대신할 수 있기에 특별히 작품 보는 눈이 없더라도 선택에 큰 어려움이 없을 것입니다.

하지만 이러한 작가의 작품은 대부분 매우 고가이기 때문에 많은 부담이 되는 것도 사실입니다.

블루칩 신생 작가 발굴

현실적으로는 스타 작가의 작품을 사기는 쉽지 않기 때문에 보통의 경우에는 앞으로 떠오를 가능성이 있는 '블루칩' 작가를 발굴하는 것이 좋은 방법입니다. 이를 위해서는 우선 자신의 마음에 드는 작가들의 리스트를 뽑고 그 작가들의 작품을 찬찬히 살펴봐야 합니다. 작가가 어떤 주제의식을 갖고 있고 얼마나 오랫동안 그 주제를 연구했는지 어떤 기법을 활용하고 있는지 등을 살펴야 합니다. 다양한 기법으로 변화를 시도하는 것은 좋으나 주제 의식이 일관되지 않은 작가보다 일관된 의식을 갖고 발전하는 작가에 애정을 가지는 게 좋습니다. 그리고 그 주제의식이 얼마나 대중의 공감을 얻을 수 있는지 혹은 새로운 변화의 씨앗을 갖고 있는 의식인지도 중요하겠지요.

혹은 자신이 좋아하는 작가들이 좋아하는 작가가 누구인지 찾는 방법도 좋습니다. 대중에게는 아직 알려져 있지 않지만 이른바 '아는 사람은 아는 작가'가 있을 수 있습니다. 작품은 어느 시점에 주목을 받으면 그 가치가 상상 이상으로 높아집니다.

NFT 작가 커뮤니티 살펴보기

앞에서 대중적 공감의 요인 중 하나로 마니아적 공감대를 설명했습니다. NFT 컬렉팅에서도 같은 관점으로 접근할 수 있을 것입니다. 바로 NFT 작가에 관심을 갖는 커뮤니티입니다. 즉 작가의 작품에 관심을 보이는 커뮤니티 안에서 공감대가 형성되는 것입니다.

쉬운 예로 가수의 팬들이 앨범이나 굿즈 등을 구매하고 관련 행사나 이벤트에서도 팬들의 협업과 소비가 일어나는 상황입니다. 세계적으로 유명한 비플, 3LAU, Adesola과 같은 아티스트들의 경우는 그 작품이 NFT 시장에서 거대한 영향력을 갖기 때문에 그들의 작품을 수집하는 컬렉터와 팬들을 중심으로 커뮤니티가 만들어집니다. 유명 연예인의 팬들이 연예인과 관련된 일들을 공유하며 끊임없이 관심을 갖는 것과 마찬가지입니다. 그리하여 도지사운드클럽 **Doge Sound Club**, 클레이에이프클럽 **KLAY APE CLUB** 등은 처음 NFT 컬렉션을 기획할 당시부터 작품과 작가의 이야기, 이벤트 등을 광고해 마니아들의 수집 욕구를 자극합니다.

이렇게 NFT 작품을 주제로 한 커뮤니티의 중요함을 이해하고, 커뮤니티 규모와 활성화 정도, 커뮤니티 내에 영향력이 있는 NFT 컬렉터들이 있는지를 함께 살펴보면 도움이 될 것입니다. 커뮤니티의 활성화 정도는 관련 작품들의 가격 상승으로 이어지기 때문입니다.

실제 미술 작품의 경우에도 갤러리 사이에서 커뮤니티가 있습니다. 특정 작가와 작품이 주목을 받으면 갤러리에서는 컬렉터들을 대상으로 모임을 만들어 그 작가의 전시를 단체 관람하고, 초청을 통해 작가의 이야기를 듣는 시간을 기획합니다. 이러한 활동은 작가를 향한 팬층을 더욱 두텁게 만들고 갤러리 입장에서는 작품이 지속적으로 판매되는 효과를 기대할 수 있습니다.

컬렉터와 작가의 동행

●

NFT 컬렉션 시장이 커짐에 따라 그에 따른 작가와 작품의 커뮤니티 또한 새롭게 생기고 성장할 것으로 예상됩니다. 초기에 생성되는 커뮤니티를 잘 살펴보고 성장 조짐이 보이는 NFT 작품을 선점한다면 좋을 것입니다.

시간이 흐른 후 그 작가가 유명해져 작품의 가치가 크게 오른다면 컬렉터 입장에서 안목에 대한 자부심과 그 작품을 소유하고 있다는 만족감을 느낄 것입니다.

그렇다면 컬렉터는 어떠한 입장으로 이러한 작가와 작품에 다가가야 하는 것일까요?

저는 여기에 가장 적절한 답을 '동행'이라고 표현하고 싶습니다.

아직 유명하지 않은 작가의 입장에서 작품 제작과 생계를 병행하는 일은 결코 쉽지 않을 것입니다. NFT 시대가 펼쳐져 작품 발행과 구매가 아무리 간편해졌다고 한들, 실제로 시간과 돈을

써야 하는 컬렉터는 작품 앞에서 굉장히 냉철한 시선을 유지합니다. 그러므로 신인 작가의 경우 작품 판매는 쉽지 않은 일입니다.

그런데 컬렉터가 신생 작가의 작품에서 어떤 가능성을 발견하고 적당한 가격에 작품을 구매한다면, 그 작가는 다음 작품을 만들 에너지를 얻게 되고 또 판매에 대한 감각을 키울 수 있습니다. 어떠한 작품이 시장에서 경쟁력을 가지는지 파악하는 감이 생기는 것입니다.

바로 이 순간부터 작가와 컬렉터 간의 동행이 시작된다고 할 수 있습니다.

이 동행이란 서로가 서로에게 도움이 되는 관계를 뜻합니다. 컬렉터는 작가에게 생활을 유지하도록 재정적인 힘이 되어주고, 작가는 컬렉터에게 작품 소장의 기쁨과 미래 성장의 결과물을 공유해주는 관계 말이지요.

현실 세계 미술계에서도 잘 형성된 작가와 컬렉터의 관계가 꾸준하게 이어지며 양측이 함께 성장하는 사례를 볼 수 있습니다. 이렇게 꾸준한 관심을 가지고 작품을 구매한다는 것은 그저 물건을 사고파는 일과는 달리 표면적으로 드러난 일 이상의 효과를 불러일으킵니다.

숨은 진주 같은 작가의 작품은 시간이 지나 기회가 닿으면 반드시 그 가치가 드러나기 마련입니다. 고심이 담긴 작가의 창작

의지, 그것을 알아보는 컬렉터의 안목이 만나는 지점에서 상생하는 관계가 싹틀 수 있습니다.

이러한 대표적인 사례를 국내에서 찾아보면, 김환기 작가의 경우를 들 수 있습니다. 김환기 작가의 작품 〈우주〉는 지난 2019년 말 크리스티 홍콩 경매에서 132억 원에 거래되었습니다. 국내 작품 중 최초로 100억 원 이상 거래라는 기록을 세운 것입니다. 크리스티에서 김환기 작가의 작품 경매를 진행한 배경에는 그들이 그의 작품을 컬렉션을 구성할 만큼 많이 보유하고 있었다는 점이 작용했지요. 김환기 작가가 이렇게 다작을 할 수 있었던 것은 항상 관심을 가지고 금전적인 상황까지 조력했던 그의 절친한 컬렉터 덕분이었습니다.

이렇게 작품을 알아보고 함께 미래를 꿈꾸는 동반자가 존재한다는 것은 작가에게 매우 의미 있는 일입니다. NFT 시대가 다가와 작가와 컬렉터가 서로 연결될 수 있는 기회의 장이 더욱 커졌습니다. 작가와 컬렉터가 만나 생겨나는 시너지로 열릴 새로운 미래의 모습을 기대해봅니다.

5

NFT를 컬렉팅할 때 주의할 점은?

작가를 파악하라

●

주목을 받고 있는 여러 NFT 작품을 자세히 들여다보면 일관된 공통점이 하나 있습니다. NFT 하나하나 속에 다른 무엇으로도 대체할 수 없는 창작자만의 특별한 관점과 생각이 깃들어 있다는 것입니다.

이렇듯 작가가 작품을 통해서 무엇을 전달하고 있는지가 중요합니다. 작가 당사자에게 직접 이 질문을 한다면 대답을 잘하는 작가가 있는 반면, 조리 있게 답하지 못하는 작가가 있을지도 모릅니다. 작가가 작품 작업에만 몰두해 자신의 생각을 논리적으로 정리하지 못할 수도 있지요.

메시지와 철학

하지만 작가가 지향하는 바는 그의 영감 속에 내재되어 있으며, 어떠한 식으로든 작품을 통해 표출되기 마련입니다. 평론가나 저널리스트의 통찰을 통해 작가의 생각이 정리되어 제시될 수도 있습니다.

또한 작가 노트, 행위나 습작 등의 표현물, 작품이 가지는 일관적인 공통점을 통해 작가가 무엇을 말하려 하고, 그것이 어떤 식으로 표현되는지 알 수 있습니다. 이러한 작가의 흔적 속에는 반드시 그의 메시지와 철학이 숨어 있습니다.

그렇다면 작가의 메시지와 철학이 왜 중요할까요?

세계적인 미디어 아티스트 백남준은 "콜라주가 유화를 대체했듯, 브라운관이 캔버스를 대체하게 될 것이다. 오늘날 예술가들이 붓이나 바이올린, 또는 폐품을 가지고 작업을 하듯 앞으로는 축전기, 저항기, 반도체를 가지고 작품을 만들게 될 것이다"라고 했습니다. 그는 이러한 메시지와 철학을 작품에 담아 다양한 테크놀로지를 활용해 실험적이고 창의적인 작업을 했습니다. 그리하여 디지털과 네트워크를 통해 예술 세계를 구축하기도 했습니다. 그는 2000년에 세계 73개국의 방송을 통해 작품 영상을 전시한 적이 있습니다. 전파를 이용하여 세계 여러 곳에서 동시에 작품 전시를 진행한 것이지요. 당시에는 이 생소한 작품들과 전시 방법이 괴짜 예술가의 알 수 없는 행위로 여겨졌을지 모르나, 백남준은 계속해서 미디어를 활용하여 이러한 전시를 시도하였습니다.

시간이 지난 현재, 그때는 생소하게만 느껴졌던 미디어 네트워크라는 개념을 일상에서 활용하는 시대가 되었습니다. 백남준은 이제 미래를 예견한 천재 아티스트라는 찬사를 받습니다. 백남준 작가의 작품 가치는 시대를 앞서간 그의 관점에서 탄생한 것이지요.

비플의 NFT 작품에는 자본주의 미디어에 대한 비판의 메시지가 담겨 있어서 작품에서 가치가 발생하는 것입니다.

이러한 점은 신진 작가의 경우에도 마찬가지입니다. 그 작가만이 지향하는 메시지와 철학이 시대나 환경이 달라지면서 어떠한 기회를 만나게 되면, 작가와 작품의 가치는 크게 상승합니다.

열정과 에너지

작가의 에너지는 창작 시도와 다양한 결과물로 이어집니다. 끊임 없는 열정으로 이어가는 창작 활동은 세상에 작가와 작품의 존재감을 계속해서 알리는 행위입니다.

이는 굉장한 지구력을 필요로 하며 이런 작가의 힘은 작품 생산력, 즉 작품의 물리적인 양이 됩니다. 작품의 양이 충분하다는 것은 컬렉팅 시장에서 유리하게 작용하는 요소입니다. 더욱 많은 컬렉터가 작품을 수집할 수 있기 때문이지요.

실제 미술 시장에서도 갤러리나 경매기관은 작가가 발표한 작품의 물량이 시장을 형성할 만큼 충분한가에 관심이 많습니다. 갤러리나 경매기관으로서는 작품과 작가의 선택이 운영과 생존 문제로 이어지므로 중요한 확인 사항입니다.

비플의 작품 〈매일: 처음 5,000일〉에는 그가 5,000일 동안 그린 작품들의 작은 이미지들이 가득합니다. 크리스티 경매를 통해 새로 조명받기 이전부터 수많은 비플의 작품은 NFT 미술 시장에 꽤 많이 노출되면서 컬렉터들의 주목을 받았고 자연스럽게 인지도를 쌓았습니다.

작가의 에너지는 다양한 활동으로도 이어집니다. 꼭 그림뿐만이 아니라 어떠한 행위, 퍼포먼스, 영상 제작, 협업 등 작품 제작과 연관 있는 새로운 창작으로 이어질 수 있지요. 이렇게 지속적으로 시도할 수 있다는 것은 그의 열정과 에너지가 강하고, 세상에 다양한 방식으로 영향을 줄 수 있음을 의미합니다.

NFT 플랫폼의 규모가 점차 커지고 있고 더 많은 사람이 NFT 시장으로 들어오고 있습니다. 컬렉터도 많아지지만 작가 또한 많아지지요. 이런 상황에서 작가가 작품을 알리는 것은 결코 만만한 일이 아니지만, 작가는 자신과 자신의 작품이 세상의 관심을 받도록 다양한 활동을 해야 합니다. 그리고 이러한 모든 것을 가능하게 하는 것이 바로 작가가 가진 열정과 에너지입니다.

NFT는 도박이 아니다

●

지금까지 작품의 컬렉팅과 관련해 알아야 할 몇 가지 사항에 대해서 이야기해보았습니다. 마지막으로 이에 관한 우려점도 짚고 넘어가려 합니다.

우선적으로, NFT 작품 컬렉팅은 암호화폐나 주식 투자와는 개념이 다르다는 것을 인지해야 합니다.

적절한 시기를 기다릴 것

최근엔 주식도 그렇지만 특히 코인 투자는 대부분 단기간 또는 특정 기간에 고수익을 창출하는 것을 목표로 합니다. 만약 거래소에서 1,000만 원 상당의 코인을 구매한 뒤에 가격이 상승한다면 구매 몇 분 후에라도 바로 되팔 수 있지요. 거래량이 많아 자금의 유동성이 매우 크기 때문입니다.

하지만 예술품 매매는 그렇지 않습니다. 지금 내가 1,000만 원을 들여서 구입한 작품(NFT 포함)을 팔고 싶어도, 판매되지 않을 수 있습니다. 실제로 그것을 소유하고 싶어 하는 구매자가 나타나지 않는다면, 어쩌면 영원히 팔 수 없을지도 모릅니다. 운과 타이밍이 좋아서 내가 구입한 작품이 단기간에 고가로 뛸 수도 있지만, 그것은 희박한 확률의 행운이 함께할 때의 이야기입니다.

작품 구매는 코인 구매와 다르게, 그것을 소장하고 있을 때 생기는 '만족도'가 있습니다. 그렇기에 코인 투자에서는 잘 쓰지 않는 '컬렉션(수집)'이라는 단어가 사용되지요.

현실 세계의 예술품을 내가 원하는 공간에 두고 언제든 얼마든지 감상할 수 있듯이, NFT 작품 또한 디지털 액자에서 구동시키거나 휴대폰 화면에 띄워서 마음껏 감상할 수 있습니다. 이렇게 NFT 작품은 코인이나 주식과 같은 투자 용도의 자산과 다르게, 소장 자체가 목적일 수 있고 그에 따른 기쁨을 줄 수 있습니다.

NFT 작품은 적절한 시기가 되어 작가의 가치가 높아지고 인지도가 상승했을 때 비로소 컬렉션이 가진 진가가 발휘됩니다. 이때의 작품 가격은 다른 투자 자산과 비교가 안 될 정도로 엄청나게 높아질 수도 있지요. 대체적으로 작가의 인지도가 상승하여 한번 네임밸류가 형성되면 웬만해서는 가격 하락이 일어나지 않는다는 장점도 있습니다.

그러므로 단기적인 투자나 차익이 목적이라면 예술품 컬렉팅은 적절한 수단이 아닙니다. 지금 NFT에 대한 관심이 크게 고조된 상황에서 초고가로 가격이 상승한 NFT 작품에 대한 소식이 자주 들려옵니다. 하지만 분명한 것은 이와 같은 현상이 모든 NFT 작품에 일어나지는 않는다는 사실입니다. 이런 시선으로만 NFT를 바라본다면, 예술 작품 컬렉팅 본연의 의미가 왜곡될 수 있습니다. 따라서 NFT 시장에 진입할 때는 컬렉팅이 가지는 본질적인 특징을 잘 이해하고 작품 소장에 대한 자신만의 기준과 관점을 정립해야 합니다.

개인적인 바람은 이러한 붐이 일시적인 것으로 끝나지 않고 계속해서 작가와 작품 그리고 컬렉터가 성장해나갈 수 있는 환경으로 이어지기를 희망합니다. 이것은 곧 우리나라 예술계 전체의 수준 향상을 의미하기 때문입니다.

나만의 NFT 작품을 소장하자

NFT 컬렉팅은 그것에 담긴 상징적인 의미에 소유권을 가지는 일입니다. NFT는 작가의 고뇌와 창작과 열정의 흔적이 담긴 작품일 수도 있고, 역사적 거점에서 발생한 기념비적인 메시지일 수도 있으며, 보기 드문 찰나의 순간을 포착한 영상일 수도 있습니다. 어쩌면 미래의 NFT는 지금의 우리는 상상도 못하는 무언가를 담아낼 수 있겠지요.

NFT화되었다는 것은 그 자체로 상징적이고 의미가 있다는 증거입니다. 어제까지는 눈에 보이는 작품의 가치에 대해서만 이야기하고, 실물만 거래했던 세상이었습니다. 하지만 이제는 가상 세계 속 존재에도 큰 가치가 생겼습니다.

같은 맥락에서, 오직 나만의 안목으로 선점한 NFT가 시간이 흐른 미래에는 새로운 관점과 가치로 사람들에게 큰 주목을 받을 수도 있을 것입니다. 새롭게 열린 NFT 시대가 창출하는 새로운 부의 기회를 선점하는 이가 여러분이 되기를 바라겠습니다.

NFT와 거래 코인 알아보기

●

NFT의 거래 수단

NFT를 구매하기 위해서는 NFT 발매 플랫폼에서 암호화폐, 즉 코인으로 결제해야 합니다. 그렇기 때문에 우선 코인을 확보하는 과정이 필요합니다. 코인 확보는 거래소 앱 또는 웹사이트를 통해서 가능합니다.

각 NFT 플랫폼마다 통용되는 코인의 종류가 모두 다릅니다. 그렇기에 자신이 구매하려는 NFT를 발견한다면, 그 NFT를 판매하고 있는 플랫폼이 어떤 코인을 결제 수단으로 사용하고 있는지 알고 거기에 맞는 코인을 사야 합니다.

코인 알아보기

현재 세계적으로 NFT 미술품 플랫폼들이 거래 수단으로 가장 많이 사용하고 있는 코인은 이더리움입니다. 이것은 대부분의 NFT가 이더리움 체인 환경에서 발매와 구매, 재판매되고 있음을 뜻합니다.

이더리움 외에 클레이튼KALY, 테조스XTZ 등 기타 여러 코인이 있습니다. 이러한 코인들로 NFT를 구매한다면, 이더리움이 아닌 그 코인들의 체인 환경에서 거래해야 합니다.

NFT 거래가 어떤 체인을 통해서 이루어지는가는 구매자와 판매자 모두에게 중요합니다. 이더리움 체인을 통해서 거래가 이루어진 NFT는 다른 코인의 체인에서는 거래가 불가능하기 때문입니다.

쉽게 설명하기 위해 예를 들어보겠습니다. E장터에서 발행한 상품권을 'E코인'이라고 한다면, 이 'E코인'으로는 E장터에 있는 NFT만을 구매할 수 있습니다. 이것을 재판매할 때에도 마찬가지입니다. 'E코인'으로 구매한 NFT는 다른 장터에 내다팔 수 없습니다. 즉, 'E코인'으로 구매한 NFT는 'E코인' 체인 환경에서만 재거래가 가능합니다.

혹시라도 E장터의 거래가 둔화되면 여기서 구입한 NFT를 재판매하는 데 곤란을 겪을 수도 있겠지요. 현재 시점에 장이 매우 활발한 다른 장터에 내놓고 싶어도 그럴 수 없으니까요.

앞으로 시간이 지나면 서로 다른 코인(체인) 간의 호환성이 높아질 수도 있겠지만, 아직까지는 기술적인 문제와 NFT 시장 선점을 위한 플랫폼, 코인 간의 경쟁 등으로 인해 쉽지만은 않은 상황입니다.

따라서 NFT를 구매할 때는 그 NFT가 어떤 코인(체인)을 기반으로 하는지 반드시 알아야 합니다. 또한 코인의 가치는 늘 달라지므로 가장 유리한 타이밍을 잡는 데에도 주의해야 합니다.

NFT 미술 시장 안정화를 위해

●

컬렉터 중에는 기존 오프라인 미술품 시장에 대한 경험과 이해를 바탕으로 작가와 작품의 가능성에 대한 소신을 갖고 투자하는 사람도 있지만, 대부분은 기존 현실 세계의 미술 시장이 익숙하지 않을 것입니다.

NFT 컬렉션은 시작 단계이므로 무르익으려면 몇 가지 과정이 필요합니다. 이런 과정들은 현실 세계의 미술 시장을 통해 미리 엿볼 수 있습니다.

기존 오프라인 미술계가 자리 잡은 데는 여러 요소가 작용했습니다.

첫 번째, 작가가 만든 작품의 탄생, 두 번째, 마켓 플레이스인 상업 갤러리의 적극적인 활동, 세 번째, 직접적인 구매자인 컬렉터와의 관계, 마지막으로 네 번째는 작품 수준과 가치 평가에 대한 공신력 제공과 검증을 담당하는 경매소, 미술관, 평론가의 활동 등입니다. 이 네 가지 요소들이 어우러지면서 지금의 미술 시장을 움직이고 있습니다.

미술품이 가진 진정한 가치의 완성은 이 네 가지 요소가 함께 성장해야만 비로소 가능합니다. 이러한 점들을 살펴본다면, 갓 시작된 NFT 아트 시장에서 당장 내가 구매한 NFT 작품의 가치에 변화가 없는 것은 어쩌면 당연한 일입니다.

현재 NFT 아트 시장은 미국이 가장 활발합니다. 오프라인 미술 시장의 경우도 미국과 유럽 그리고 일본 등이 한국보다 더 큰 영향력과 경제적 입지를 가지고 있습니다. 공신력을 줄 수 있는 권위 있는 경매기관이나 세계적인 미술관도 마찬가지입니다.

하지만 지금 우리 사회에 퍼져있는 기대감과 함께 국내 NFT 시장에 점점 더 많은 컬렉터가 진입하고 있으며 그 수요에 맞게 마켓 플레이스 또한 발전할 것입니다. 그러면 앞에서 언급한 공신력을 가져다 줄 수 있는 여러 요소들 또한 디지털 환경 속에 함께 자리 잡겠지요. 이는 다른 분야에서도 볼 수 있는 현상으로 작품(상품)이 거래되는 시장이 성장할 가능성이 있을 때 저변이 확대되고 각종 이익 관계가 형성되며 일어나는 일입니다.

NFT 시대가 되면서 기존 미술 작가는 디지털툴을 사용하여 NFT 작품을 발매하는 것으로 작품 제작 방식을 바꾸고 있습니다. 갤러리와 같은 마켓 플레이스가 새롭게 탄생하고, 여러 기업이 이미 보유한 디지털 플랫폼, 데이터베이스를 기반으로 연계 확장하며 온라인 쇼핑 채널, 코인 거래소 등에서도 형성되고 있지요. 컬렉터들도 시대에 맞게 디지털화를 통한 소유권 분산 거래, 관련 펀드 조성을 시도하고 있습니다. 또 공신력 있는 경매소와 미술관 같은 기관이 앞으로는 메타버스에서도 존재할 것입니다.

콘텐츠 강국인 우리나라에서 작가들이 NFT 미술품 시장으로 진입과 관련된 마켓 플레이스의 성장은 빠른 속도를 보이고 있습니다.

다양한 NFT 마켓 플레이스, 이와 관련된 마케팅 회사, 블록체인 기업, 그 외 관련 단체들도 NFT를 받아들이려고 관심을 보이고 있습니다. 자신의 분야에서 시장을 선점하기 위해 새로운 아이디어와 노력을 다하여 성장하려는 의지를 볼 수 있지요.

최근에 제가 NFT, 블록체인과 관련된 서비스를 하는 다양한 플랫폼과 관계자들을 직접 만나본 경험으로는 이미 국내의 여러 마켓 플레이스, 기업 그리고 마케팅 업체들은 이 시장에 대한 무한한 가능성을 확인하고, 이에 맞추어 더욱 강력한 마케팅 전략을 짜며 다음 단계를 향한 성장을 빠르게 준비하고 있습니다.

현재 NFT 시장에 몸담은 사람이나 그럴 계획이 있는 사람에게는 지금 상황을 전반적으로 바라볼 수 있는 관점과 학습의 시간이 필요합니다. 이 모든 것의 시작과 유지의 원동력인 NFT 창작자 또한 이 시간을 이겨내는 과정이 필요할 것입니다.

　　NFT 시장이 형성되는 단계에 대한 이해와 직접적인 소비의 주체가 될 수 있는 컬렉터의 기다림과 이해가 더해진다면 영화와 드라마, 여러 엔터테인먼트 영역에서 한류 열풍이 불어온 것처럼 NFT를 통해 우리나라도 예술 강국으로도 자리매김할 수 있을 것입니다. 이를 위한 창작자들의 의지와 열정은 '기본값'이 되어야 할 것입니다.

3부

NFT
아티스트에
도전하라

NON-

FUNGIBLE

TOKEN

6

NFT 아티스트는 어떻게 될 수 있을까?

전 세계에서 수많은 NFT가 지금 이 순간에도 새롭게 발매되고 있습니다. 그 종류는 그림, 사진, 동영상, 소리, 텍스트, 파일 등 데이터화할 수 있다면 형식에 얽매이지 않습니다. 또한 공간의 제약도 받지 않아 창작자들이 작품을 발표할 수 있는 조건이 더욱 단순해졌습니다. 누구든 마음만 먹는다면 자신만의 특별한 생각의 산물을 디지털화하여 NFT로 발행할 수 있습니다. 이러한 변화는 창작자들의 의욕을 높이는 동시에, NFT 플랫폼 서비스의 발전을 자극해 시너지 효과가 납니다.

또한 이제 NFT 창작자들의 작품을 통해 실존하며 구체화된 것에만 가치를 매기던 세상에서, 실존하지 않는 추상이 주는 의미와 영향력에도 가치를 매기는 세상이 되고 있습니다.

앞서 말했듯이 미술 분야에서는 작품을 발표하기 위해 갤러리나 미술관 측의 심사나 관습적 룰을 거쳐야 했고, 때에 따라 전문성을 확보하기 위해 교육기관의 수료를 거쳐야하는 경우도 있었습니다. 이것은 음악, 영상, 글, 연기 등 다른 많은 창작 분야도 마찬가지입니다.

이러한 과정은 진입 장벽을 높여 많은 창작자를 소외시켰습니다. 이는 현실 세계의 무대와 관객이 한정되어 있기 때문일 것입니다. 물리적으로 제한된 환경에서는 창작자도 작품을 수용하는 기관이나 시설에서도 필연적으로 각각 경쟁할 수밖에 없습니다.

하지만 NFT는 가상 세계에서 작품이 발표되기 때문에 환경의 제약을 벗어나 훨씬 자유롭습니다. 누구든지 발매 플랫폼에 자신의 작품을 올리면 그대로 세상에 공개할 수 있습니다. 동시에 대중이 작품을 관람하고 소비할 기회도 함께 늘어납니다.

하지만 NFT 세상의 경쟁은 더 치열할지도 모릅니다. 모두가 작품을 발표할 수 있기 때문에 그 안에서 차별화가 필요합니다. 대중의 무관심은 더 철저하게 다가옵니다. 기관이나 제도에 따른 여과 과정이 없으므로 대중의 반응은 더욱 즉각적이고 냉철하게 창작자에게 전달됩니다.

이렇게 여러 가지 변화와 그에 따른 명암이 예상되지만, 중요한 것은 NFT를 통해 누구나 창작물을 발매할 수 있게 되었다는 점입니다. 예전보다 예술 시장 규모가 엄청나게 커졌으며 더욱 많은 창작자와 컬렉터에게 기회가 돌아갈 것입니다.

소셜 아트의 시대

●

NFT를 통해 직접적으로 창작자와 대중이 만날 수 있는 세상이 열렸습니다. 디지털 미디어를 기반으로 소셜 네트워크와 연관되어 발생하는 행위인 '소셜 아트Social art'의 세상이기도 합니다. 즉 누구나 예술을 창작하거나 즐길 수 있는 세상입니다.

앞으로 어떠한 특별성, 고유성을 지닌 창작물이 등장할지 기대가 큽니다. 다가올 변화는 1부에서 언급했듯 유튜브를 통해 예상해볼 수 있을 것입니다.

유튜브가 처음 등장할 당시에는 작은 개개인의 목소리가 지금 우리가 느끼는 만큼 세상에 큰 영향력을 끼칠 것이라고 아무도 생각하지 못했습니다. 하지만 유튜브에서 기존 방송 채널에서 볼 수 없었던 개성 있는 콘텐츠가 등장하기 시작했고, 기존 콘텐츠 이상의 인기를 얻었습니다. 이런 일이 가능한 근본적인 이유는 기존의 방송국의 제도와 심사 등이 유튜브에는 없기 때문입니다. 또 채널을 무한대로 생성할 수 있기 때문이기도 하지요.

채널과 그에 속한 콘텐츠는 탈중앙화된 방식으로 세분화하며 변화를 거듭하고 있습니다.

창작자와 관객이 바로 만나게 되는 상황에서는 전문가와 전문 기관의 참여, 스케일이나 예산의 규모가 아니라 콘텐츠의 본질이 더욱 중요합니다. 즉, '얼마만큼 대중의 공감을 얻고, 시대 상황에 부합하여 주목받을 수 있는가'입니다.

예전에 엽기토끼(마시마로)가 인터넷상에서 폭발적인 인기를 끈 적이 있습니다. 한 개인 창작자가 만든 약 3분 분량의 이 짧은 플래시 애니메이션이 기록한 경제적 가치는 수백억 원으로, 당시 수십억 원의 제작비를 들여 극장에서 개봉한 여러 국내 애니메이션의 경제적 가치를 훨씬 능가했습니다. 엽기토끼는 이전보다 훨씬 개인화된 인터넷 환경에서는 제작의 규모나 스케일이 아닌 대중적 공감이 더 중요하다는 사실을 일깨우는 중요한 사례가 되었습니다.

제 개인적인 이야기를 하자면, 서문에서 언급한 〈맥도날드 햄

버거를 먹는 달마〉가 이러한 예가 될 수 있습니다. 이 그림은 12년 전쯤 일러스트 프로그램으로 그려 인터넷 블로그에 올려두었던 것입니다. 그런데 제 블로그를 흥미롭게 본 사람들을 중심으로 그림이 퍼져나갔고, 며칠이 지나지 않아 대형 미술관으로부터 전시 제안을 받았습니다.

저는 당시 전문 아티스트가 아니었기에 이러한 상황이 어리둥절하기만 했습니다. 알고 보니 미술계에 대중 매체를 소재로 하는 팝아트 장르가 한창 유행하고 있었습니다.

그때 제가 특별한 달마도를 그리기 위해 한 고민은 '어떻게 하면 사람들의 시선을 그림 앞에서 오래도록 멈추게 할 수 있을까?'였습니다. 그러기 위해서는 일반적으로 쉽게 보지 못한 상황을 연출해야 한다고 생각했는데 제가 내린 결론은 이질적인 요소들의 공존이었습니다. 그렇게 생긴 낯설음은 감상하는 사람들의 호기심을 자극하고 위트가 느껴질 요소를 만들 수 있었으며 새로운 경험을 줄 수 있다고 생각했습니다. 그리하여 저는 정신적 해탈의 상징인 달마와 물질 시대의 대표 아이콘인 브랜드를 결합하여 저만의 특별성과 고유성이 담긴 새로운 달마도를 완성하게 되었습니다.

그렇게 저는 큰 규모의 미술관에서 전시를 하고 본격적으로 활동하게 되었습니다. 그리고 이 그림은 앞서 말씀드렸던 것처럼 오픈시에서도 판매되었지요. 이후 여러 블록체인 회사에서 연락이 왔습니다. 꾸준히 작품 활동을 했고 운이 좋게도 시대의 변화가 가져온 우연한 계기를 통해 새로운 방식으로 작품을 소개할 기회가 생긴 것입니다.

지금은 누구나 스마트폰을 통해서 개인 창작자들이 만든 사진이나 영상 등을 쉽게 볼 수 있습니다. 새롭게 주목받는 '인플루언서'도 이러한 매체를 통해서 세상에 알려진 경우가 많습니다.

이제는 모든 창작물에 NFT 블록체인 기술이 접목될 수 있으므로 소유권의 증빙과 금전 거래의 길도 열렸습니다. 이러한 일은 세계 곳곳에서 일어나고 있으며, 이는 곧 전 세계가 활동할 수 있는 무대와 시장이 되었다는 뜻입니다.

슈퍼스타를 만드는 밈

●

"작가? 그건 나하고 거리가 먼 이야기인데…?"

누구나 NFT 창작자가 될 수 있는 세상이 되었다고 해도 이렇게 말하는 분이 많을 것입니다. 자신만의 특별성을 담는 일이 낯설게 느껴질지 모릅니다. 유튜브 크리에이터가 동영상을 찍는 모습이 느껴졌던 때와 비슷한 상황이겠지요. 하지만 세상 어딘가에서는 휴대폰으로 찍은 짧은 동영상, 어린 소년이 그린 디지털 그림, 누군가가 찍은 휴대폰 사진 한 장이 대체 불가한 매력으로 많은 사람의 주목을 얻고, 이를 넘어 재생산되기도 합니다.

밈은 리처드 도킨스**Richard Dawkins**의 저서《이기적 유전자**The Selfish Gene**》에서 처음 제시한 학술 용어 밈에서 파생된 개념으로 하나의 정보가 유전자처럼 사람들 사이에 퍼지고 모방되는 생각 또는 믿음과 관련한 문화의 전달 단위를 말합니다. 개념적으로는 이해하기 어려울 수 있으나 간단히 인터넷에서 떠도는 짧은 동영상, 사진, 텍스트 등을 포괄적으로 일컫습니다.

누구든 웹상에서 흥미를 끄는 밈을 발견한 경험이 있을 것입니다. 그것이 흥미를 끄는 이유는 창작자의 특별성과 고유성을 지닌 점이 나를 비롯한 많은 사람으로부터 대중적 공감을 얻기 때문입니다.

결눈질하는 클로이

미국에서 밈을 NFT화해 약 7만 4,000달러(약 8,700만 원)에 팔려 화제가 된 사례가 있습니다. 〈결눈질하는 클로이**Side Eyeing**

Chloe)라는 제목의 밈입니다. 이 밈은 미국 유타주에 사는 한 주부가 찍은 동영상입니다. 2013년 어느 날 디즈니랜드를 데려가겠다는 깜짝 발표에 기뻐하며 울음을 터뜨리는 큰딸과 그런 언니를 바라보는 두 살짜리 둘째 클로이의 표정을 담았습니다.

이 동영상은 SNS 게재 후 조회 수 2,000만 회를 넘겼고, 특히 삐드렁니를 드러내며 언니를 못마땅한 듯 바라보는 클로이의 표정을 캡쳐한 사진은 각종 밈으로 쓰였습니다. 클로이의 인스타그램 팔로워는 순식간에 50만 명이 되었습니다. 클로이는 2017년에 브라질 구글 광고에 출연하기도 했지요.

찰리가 날 또 물었어

오래전 영상이지만 밈으로서 의미가 있다면 이 또한 NFT화가 될 수 있습니다. 2007년 5월의 영상인 〈찰리가 날 또 물었어 Charlie bit my finger-again!〉의 NFT가 2021년 5월에 무려 76만 999달러(약 8억 5,700만원)라는 가격으로 경매에 낙찰되었습니다. 이 영상은 영국 버킹햄셔주 말로시에 사는 해리, 찰리 데이비스 형제의 어린 시절 모습을 형제의 아버지가 촬영한 것입니다. 영상의 내용은 특별할 것이 없습니다. 갓난아기 찰리가 형 해리의 검지 손가락을 깨물자 해리는 아프다고 말하며 얼굴을 찌푸립니다. 찌푸린 얼굴의 해리와 천연덕스러운 아기 찰리의 표정이 묘한 대조를 이루는 이 동영상은 14년간 전 세계에서 약 8억 3,000만 회 이상 조회되며 큰 인기를 끌었고 각종 패러디가 나왔습니다.

데이비스 가족은 "처음 영상을 올렸을 때는 유튜브가 새로웠지만 지금은 NFT가 이슈를 끄는 새로운 세상이기 때문"이라고 NFT를 발매한 이유를 밝혔습니다. 새로운 변화가 나타날 때마다 자신이 갖고 있는 콘텐츠를 활용한 좋은 예지요.

전 세계인이 다 아는 시바견

자신이 키우는 시바견의 사진을 NFT화하여 주목받은 사례도 있습니다. 일본에 사는 유치원 교사 사토 아츠코로, 이번에도 평범한 사람이 그 주인공입니다. 그녀가 2010년 자신의 블로그에 반려견 카보스의 사진을 올렸는데, 카보스가 3년 후 생긴 도지코인의 대표 이미지가 되었던 것이지요. 최근 NFT 경매 사이트 조라Zora를 통하여 출시한 이 '도지밈'은 400만 달러(약 45억 원)에 팔리게 되었고, 사토 아츠코는 믿을 수 없다는 반응을 보이며 경매 수익금의 일부를 자선 단체에 기부하겠다고 밝혔습니다.

열두 살 소년이 그린 4억 7천만 원짜리 그림

영국의 초등학생 벤야민 아메드는 다섯 살 때 웹개발자인 아버지가 일하는 모습을 보며 프로그래밍 공부를 시작했습니다.

HTML, CSS를 시작으로 점차 학습 영역을 넓히던 중, NFT에 흥미를 느끼고 자신만의 NFT 컬렉션 제작을 시작했지요. 그리고 이렇게 발표한 고래 그림들로 두 달 만에 약 40만 달러(약 4억 7천만 원)를 벌어들였습니다.

전라도 소년의 NFT 그림

국내에도 벤야민과 같은 사례를 찾아볼 수 있습니다. 전라도 군산의 한 중학생 소년(예명 아트띠프)은 NFT로 발매한 그림을 통하여 천만 원이 넘는 수익을 올렸습니다. 어릴 때부터 그림 그리기를 좋아한 아트띠프는 NFT 시대가 열리자 자신의 그림을 NFT화하여 발매했고 그 뒤, 실제로 판매가 이루어진 것입니다.

도표 3-1 | 아트띠프의 작품과 작업 장면

출처: 아트띠프 제공

이 같은 일이 계기가 되어 앞으로는 더욱 많은 창작물이 탄생할 것이라 예상됩니다. 실제로 국내의 블록체인 기업 중에는 중고등학교를 대상으로 NFT 관련 교육을 하는 경우도 있습니다. 저 또한 최근 강원도의 한 고등학교에서 학생들에게 NFT 강의를 한 적이 있습니다. 기성세대에게는 아직 요원한 일이지만 이러한 자신의 가치를 직접 체감하고 이해하여 실질적인 구매나 판매하는 일은 앞으로의 세대에게 점점 더 자연스러운 일이 되지 않을까 합니다.

당근마켓과 NFT 플랫폼의 공통점

●

당근마켓도 모르는 당근마켓의 기능

소셜 아트의 가능성을 의외의 곳에서 발견한 적이 있습니다. 모바일을 통해 동네에서 중고 물품을 거래하는 플랫폼 '당근마켓'입니다. 물론 당근마켓에 소셜아트 활성화를 위해 마련된 게시판은 따로 없습니다. 하지만 당근마켓 사용자 중에는 중고 거래 기능을 이용하여 자신이 그린 그림의 거래를 시도하는 사람들이 있습니다.

도표 3-2 | 당근마켓의 그림 거래 게시물

출처: 저자 제공

 이런 거래 시도는 사용자 사이에서 자연스럽게 생겨나 유행처럼 번졌습니다. 이를 통해 우리는 자신만의 특별성을 표현하고 그것을 공유하려는 개인의 욕구를 볼 수 있습니다.

 당근마켓은 위치 기반 중고 거래 플랫폼으로 자신이 있는 동네 정보만 볼 수 있습니다. 하지만 저는 이러한 현상에 강한 호기심을 느끼고 먼 지역으로 이동할 때마다 동네를 바꾸어 살펴보았습니다. 살펴본 동네가 수십 곳이 되는데, 놀랍게도 모든 동네에서 그림을 그려주겠다는 내용의 게시물을 찾을 수 있었고, 실제로 거래가 이뤄지고 있었습니다.

 시작 단계에 있는 NFT 거래소, 플랫폼이 좀 더 발전하면 사용자의 편리성이 더욱 커질 것입니다. 또 그때는 더 많은 사람이 소셜 아트를 접하고, 그것을 실질적 가치로 연결할 수 있을 듯합니다.

아이디어스 속에 숨겨진 특별성과 고유성

우리에게 잘 알려진 아이디어스idus라는 사이트에서도 같은 일이 일어나고 있습니다. 이 플랫폼에서는 핸드메이드 제품, 액세서리, 공예품 등과 함께 개인이 만든 여러 가지 창작품이 거래됩니다. 이 플랫폼의 가장 큰 경쟁력과 차별성은 이곳의 상품이 기존 공산품과 다르다는 점입니다. 즉 획일화된 제품에서는 찾아볼 수 없는 창작자만의 특별성과 고유성이 있지요.

그렇기에 같은 용도의 물건도 대량 생산된 공산품보다 좀 더 비싼 가격에 거래됩니다. 그럼에도 특별함을 알아보는 소비자가 점점 늘어 활발하게 거래가 이뤄집니다.

이외에도 와디즈와 같은 펀딩 사이트에서도 자신만의 고유성과 특별성을 발휘해 상품을 내놓는 창작자들을 볼 수 있습니다. 만약 곧바로 NFT 작품을 만드는 것이 부담스럽다면 이런 사이트를 통해 일반적인 소셜 아트를 접해보는 것도 좋은 경험이 될 것입니다. 시간이 얼마 지나지 않아 지금보다 더 접근하기 쉬운 NFT 거래 플랫폼이 나올 것이고 그때를 대비해 미리 자신만의 고유성과 특별성을 발휘할 콘텐츠를 준비할 수 있을 테니까요.

새로운 창작자, 새로운 커뮤니티

NFT 시대와 함께 그동안 제도권이나 기관을 통해서 작품을 선보이기 어려웠던 창작자들의 활동도 진행 중입니다. 이들은 커뮤니티를 형성해서 정보를 교류하며 창작 의지를 독려합니다. 구체적으로 어떠한 일들이 일어나는지를 알아보기 위해 저는 '클하 NFT Artist'라는 커뮤니티의 대표인 킹비트_{Kingbit}를 만나 보았습니다.

질문: 커뮤니티에 대해서 소개해주시겠습니까.

킹비트: 작가들 스스로 경쟁력을 갖기 위해서 형성된 모임입니다. 기존 미술시장의 제도권 아래에서는 기회가 한정적이지만 블록체인으로부터 생겨난 (제2세대 인터넷) 환경에서는 더욱 자유롭게 창작할 수 있기 때문에 창작 의욕이 큽니다. 디지털 매체를 활용하는 800여명의 작가들로 이루어져 있습니다.

질문: 커뮤니티를 통해 이루어진 구체적인 성과는 어떻게 됩니까.

킹비트: 자체적으로 전시를 기획했는데 바로 '빌라전_{NFT VILLA}'입니다. 2021년 5월 국내 화랑들이 밀집해 있는 인사동의 복합문화공간인 코트와 이태원의 해밀턴에서 열렸습니다. 그 이후에는 프랑스 파리의 이함 갤러리에서도 프랑스 현지 작가 일부를 포함해 NFT전을 개최하였지요. 전시의 주된 의미는 자생력 있는 국내

의 NFT 작가들의 작품을 소개하며 기존의 갤러리나 미술관의 전시 공간에서 관례적으로 있었던 전시 기준과 작품 수익에 대한 분배율이 아닌 NFT 아트 생태계에 적합하고 합리적인 새로운 룰을 제시하고 시도해보면서 새 기준을 만들어 보려고 한 것입니다.

질문: 특별히 기억에 남았던 일이 있다면 무엇인가요.

킹비트: 우선은 작가들이 자발적으로 전시했고 그 결과 실질적인 구매로 이어졌다는 점, 언론에서 좋은 반응이 있었다는 점입니다. 어느 한 작가는 지금까지 오랜 창작 활동에서 큰 성과를 보지 못하다가 NFT를 통해 최초로 작품 판매가 이루어졌는데, 너무 감격스러운 나머지 울음을 터뜨리기도 했습니다. 이러한 모습들을 통해 시대의 변화가 찾아왔음을 느낄 수 있었습니다.

질문: 앞으로의 계획과 바라는 점은 어떻게 되나요?

킹비트: 빌라전을 더 활성화시키려고 합니다. 프랑스 전시 이후로 영국과, 독일, 일본, 대만 등의 갤러리에서도 관심을 보였습니다. 기존 미술관이나 전시 공간의 관련 인맥들과도 교류하고 있는데 이 역시 NFT 아티스트들의 활동 영역을 넓히기 위한 것입니다. NFT 시대에 걸맞게 다양한 창작자들의 가치가 새롭게 발견되고 그 중심을 이끌었으면 합니다.

킹비트와 이야기를 나누면서 NFT 시대에 새롭게 진입한 아티스트들의 의지와 열정을 느낄 수 있었습니다. 저 역시 이러한 창

도표 3-3 │ 프랑스 파리 이함 갤러리에서 개최된 빌라전 포스터

출처: 클하 NFT Artist 제공

작 활동들이 더욱 활발해지기를 바라며 새로운 시도들이 좋은 성과를 거두었으면 합니다.

K-NFT 시대가 온다

●

유튜브의 등장 이후 우리가 그 영향력과 파급력을 이해하는 데는 어느 정도 시간이 걸렸습니다. 하지만 지금 유튜브를 모르는 사람은 없습니다. 유튜브에서는 우리 상상과 기대를 뛰어넘는 기발하고 다양한 콘텐츠가 등장하고 있지요.

제가 한국인이라서 그런지 몰라도, 저는 우리나라가 굉장히 역동적이고 창의적인 나라라고 생각합니다. 오늘날의 우리 문화 콘텐츠는 그야말로 세계로 뻗어나가고 있습니다. 방탄소년단, 〈기생충〉, 〈오징어 게임〉, 〈지옥〉 등이 전 세계적인 유명세를 누리고 있지요.

유튜브 관련 통계 자료 사이트 '플레이보드playboard'의 자료를 살펴보면, 2021년 기준 국민 전체 인구 대비 유튜버 수가 가장 많은 나라가 바로 대한민국입니다. 이런 현상에는 유튜브를 통해 경제적 자유를 얻고 싶은 마음도 있지만 더 밑바탕에는 자기표

도표 3-4 | 2021년 인구 대비 유튜버 수 순위

순위	국가	인구	수익창출 채널
1	한국	5,178만	9만 7,934개
2	미국	3억 3,052만	49만 6,379개
3	인도	13억 8,000만	37만 9,899개
4	브라질	2억 1,134만	23만 6,839개
5	일본	1억 4,674만	15만 4,599개
...	...		
	안도라	7만	156개
	홍콩	748만	1만 307개
	싱가포르	563만	9,920개

*출처: 플레이보드, 위키피디아

현과 창작의 욕구가 있지 않을까요? 이 통계가 그 사실을 잘 보여주고 있다고 생각합니다. 그리고 여기서 NFT 시대에 우리나라만의 새롭고 특별한 콘텐츠가 등장할 가능성도 엿보입니다.

지금 우리나라의 미술계의 시스템은 역사적으로 먼저 출발하여 기득권이 된 미국, 유럽 등을 모방하여 구축했습니다. 다시 말해, 서양의 미술관, 갤러리에서 볼 수 있는 전시 형태, 판매 방법, 문화와 교육을 기초로 세워진 것입니다. 대학의 미술학과와 같은 교육기관 또한 이를 따르고 있습니다. 서양의 기준과 시선으로 바라보기에 김홍도, 장승업, 이중섭과 같은 한국의 유명한 화가들이 국제적 인지도를 얻지 못하고 있지요. 세계적으로 유명한 작가는 피카소**Pablo Picasso**나 샤갈**Marc Chagall**, 로댕**Auguste Rodin** 등 서양의 인물들입니다.

NFT가 대중화되면 국경을 넘어 누구나 기존의 제도나 관습에서 벗어난 진정한 소셜 아트를 만들어낼 것입니다. K-드라마, 영화, 엔터테인먼트 분야가 전 세계에서 주목받고 있듯이 우리 소셜 아트 분야에서도 세계의 시선이 집중될 콘텐츠가 만들어지겠지요. 이러한 변화에 우리 스스로 놀랄 그날이 기다려집니다.

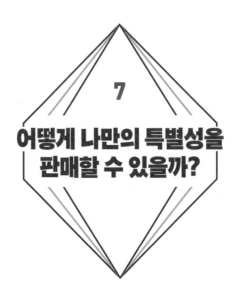

7

어떻게 나만의 특별성을
판매할 수 있을까?

앞서 살펴본 사례에서 알 수 있듯이, 세상의 주목을 받으며 높은 평가와 가격이 매겨진 NFT는 전문가만의 작품도 아니고 형식과 입지를 갖춘 제도권의 전유물도 아닙니다. 그저 평범한 누군가의 특별성과 고유성이 대중으로부터 공감을 받아 가치를 얻은 것이지요.

이 책을 읽고 있는 여러분도 대체 불가한 유일성(고유성)을 가지며, 동시에 자신만의 특별성을 지닌 채 세상에 존재하고 있습니다. NFT 붐이 일어나면서 처음에는 온갖 플랫폼과 서비스가 쏟아질 것입니다. 그 열기에 휩쓸려 우왕좌왕해서는 안 되겠지요. 결국 과도기가 지나면 몇 개의 플랫폼으로 정리될 것이고 결국 살아남는 것은 고유성과 특별성으로 다른 경쟁자와 차별화할 수 있는 콘텐츠입니다.

그럼 자신 안의 고유성을 밖으로 드러내려면 어떻게 해야 할까요? 또 그것이 대중의 공감을 얻는 것은 어떤 의미가 있는 일일까요? 이런 호기심이 일면서 직접 나만의 NFT를 발행하고 싶은 욕구가 생기기도 할 것입니다. 이제 내가 가진 특별성과 고유성을 어떤 방법으로 가장 잘 표현할 수 있는지, 또 어떻게 내 작품이 대중적 공감을 얻을 수 있는지 알아보겠습니다. 이 책에서 개개인 모두에게 들어맞는 답을 직접적으로 얻기는 어렵겠지만, 저마다의 답을 찾을 통찰력의 씨앗은 얻을 수 있을 것입니다.

나의 관점 파악하기

●

지금까지 고가에 거래된 NFT들을 살펴보면 레어성이 생기는 원리에서 크게 벗어난 것이 없습니다. 수백억 원에 낙찰된 비플의 그림, 트위터 창시자 잭 도시의 최초 트윗, 그 외 비싼 값에 팔린 일반인들의 밈도 마찬가지입니다.

레어성을 인정받는 창작물은 독특한 관점을 지니고 있는 경우가 많습니다. 불멸의 레어성을 자랑하는 세계적 화가들의 작품을 보고 그들의 관점에 대해 생각해봅시다.

세기의 아티스트들의 관점

147페이지의 그림(위)은 뭉크의 〈절규〉입니다. 대중 매체에서 많이 소개하였고 패러디도 많아 모르는 분들이 없을 겁니다. 〈절규〉에서 보이는 붉은 석양과 남색의 강은 휘어져 보입니다. 양손에 얼굴을 댄 채 입을 벌린 인물은 뭉크의 내면입니다. 좌절감, 공포, 광기, 슬픔 등 우리 인간의 보편적인 부정적 감정을 극적으로 표현하기 위해 왜곡이라는 형태를 사용했습니다. 이 그림은 거듭 가족을 잃는 불행을 겪었던 그의 불안과 우울을 보여줍니다.

그리고 그다음 그림은 황금빛 색채의 화가로 우리에게 알려진 구스타프 클림트Gustav Klimt의 〈키스〉입니다. 꽃밭 위에 서 있는 연인은 서로에게 기댄 채 키스를 하고 있습니다. 이 사랑스러운 순간은 연인의 독특한 자세로 더 효과적으로 표현되었습니다. 게다가 황금빛 색채와 원, 삼각형, 직사각형, 곡선 등의 다채

도표 3-5 | 뭉크, 〈절규The Scream〉

출처: Wikimedia Commons

도표 3-6 | 구스타프 클림트, 〈키스The Kiss〉

출처: pixabay

3부 NFT 아티스트에 도전하라

로운 문양의 장신구가 어우러져 화려한 순간이 돋보이지요. 화려한 색채와 세심한 표현들이 모여 다른 작가의 그림과 구분되는 특별성과 고유성을 지닙니다.

피카소는 사물의 모습을 한 방향으로밖에 볼 수 없는 인간의 시선에서 벗어나기 위해, 사물 본연의 모든 모습이 동시에 공존하는 그림을 그렸습니다. 이러한 피카소만의 생각은 대중으로부터 공감을 얻었으며, 그만의 독특한 시선은 그에게 천재 화가라

도표 3-7 | 파블로 피카소, 〈우는 여인Weeping Woman〉

출처: flickr

는 수식어를 붙여주었습니다. 피카소의 〈우는 여인〉은 모든 색들이 강렬하게 대비되고 있는데 이는 그녀의 슬픔이 얼마나 강한지를 느끼게 합니다.

나의 관점과 대중적 공감

세기적 아티스트는 물론 여러분도 자신만의 특별한 생각을 표현할 수 있습니다. 이들의 고유성과 특별성이 담긴 그림은 역사적 변곡점에서 의미를 얻거나, 동시대 사람들로부터 대중적 공감을 얻어 유명해졌을 뿐이지요. 또 다른 차이가 있다면 엄청난 양의 연습과 숙달로 인한 표현 방법의 차이가 있습니다. 즉, 전문 화가들은 붓과 물감 등 재료를 다루고 대상을 표현하는 기법에 더 익숙한 것입니다.

하지만 NFT 작품은 디지털로 만들기 때문에 고난이도의 기술이나 기법은 크게 중요하지 않습니다. 중요한 것은 바로 관점입니다. 나만의 특별성을 세상에 내놓고 판매하고 싶다면 먼저 스스로에게 물어야 합니다.

"나는 어떠한 관점으로 세상을 바라보고 있을까요?"

레어성의 원리 알기: AA 테스트

●

레어성 획득 과정의 이해를 도울 테스트를 하나 소개하겠습니다.

예전에 TEDxSNU 행사에서 강연한 적이 있습니다. 저는 강연 후 관객 참여형 후속 프로그램을 고민하던 중 이 테스트를 떠올리게 되었습니다. 제가 어떠한 주제를 하나 정해주면 관객이 그것을 각자의 생각으로 표현하는 간단한 형식이었습니다. 그런데 의외의 결과가 놀라워서, 그 뒤로도 강연이나 행사를 하면서 수많은 사람을 대상으로 같은 테스트를 진행했습니다.

테스트 결과를 볼 때마다 미술을 공부한 적도 없고 그림에 전혀 소질이 없는 사람도 자기만의 특별성과 고유성을 명확하게 표현할 수 있다는 사실에 감탄합니다.

그래서 저는 이 테스트에 '누구나 이미 예술가**Already-Artist**'라는 의미로 'AA 테스트'라는 이름을 붙였습니다.

- 테스트명 : AA 테스트
- 준 비 물 : 연필 또는 펜(여러 가지 색을 준비하면 더 좋음)
- 소요 시간 : 약 10~20분

이제 두 가지 그림을 그릴 것입니다. 이 테스트의 목적은 그림 실력을 측정하는 것이 아니므로 부담 없이 가벼운 마음으로 임하시면 됩니다. 자신이 표현할 수 있는 만큼 본연의 실력으로 편안하게 그려주세요.

첫 번째 테스트

"커피를 그려주세요."

즉흥적으로 머릿속에 떠오르는 이미지를 그립니다.

"어떠한 커피를 그리셨나요?"

자신이 어떤 식으로 커피를 그렸는지 봅니다.

도표 3-8 | 대다수 참가자가 그리는 커피 그림 두 가지

여러분 대부분이 위의 그림과 비슷한 모습의 커피를 그리셨을 것입니다. 첫 번째는 일반적인 커피 체인점에서 볼 수 있는 커피이고, 두 번째는 개인 카페나 집에서 볼 수 있는 커피입니다. 둘 다 우리가 흔히 생각하는 커피의 모습이지요.

이 외에 커피믹스 스틱을 그리시는 분들도 있습니다. 어떤 분들은 커피 원두, 커피 자판기를 그리기도 하고, 간혹 추가 설명 없이는 이해하기 힘든 특이한 모습과 상황을 그리시는 분들도 있습니다. 하지만 대다수 참가자가 한눈에 이해할 수 있는 모습을 그립니다.

이런 결과를 통해 무엇을 알 수 있을까요? 누구나 알아볼 수 있게 커피를 그린다는 것은, 테스트 참가자가 기본적으로 '커피'에 대한 사회적 통념을 공유하고 있음을 의미합니다. 사회 구성원 대다수가 인지하는 커피의 이미지에 자신도 공감하고 있는 것이지요.

이런 커피 그림을 어느 가게의 전면 유리창에 붙인다면, 별다른 문구가 없어도 사람들은 그 가게에서 커피를 팔고 있음을 쉽게 알 수 있을 것입니다. 이렇게 사회적 통념을 공유하며 기능을 수행하는 그림은 디자인**Design**입니다.

이것으로 첫 번째 테스트가 끝났습니다. 이제 두 번째 테스트로 넘어가겠습니다.

두 번째 테스트

두 번째 테스트 역시 그림 실력과는 상관없으니 가벼운 마음으로 해주시기 바랍니다. 이번에는 커피에 다른 주제를 추가하겠습니다. 여기서 중요한 것은 이 주제에 대한 정의는 오직 자신만 내릴 수 있다는 점입니다. 여러분이 생각하는 것이 정답입니다. 그렇기에 이 두 번째 테스트에서 가장 중요하게 생각해야 할 점은 '나름대로'라는 키워드입니다.

"행복한 커피를 그려주세요."

여러분이 생각하는 '행복한' 커피를 그려주세요.

커피에 '행복'이라는 주제를 더해 그린 그림은 첫 번째 테스트의 그림과는 매우 다릅니다. 언뜻 생각해봐도 다양한 그림이 나올 수 있다는 것을 예상할 수 있지요. 이러한 이유는 '행복'의 의미가 개개인마다 다르기 때문입니다. 행복의 기준이 사람마다 모두 다르듯 그림도 저마다 다르게 표현된 것입니다.

그래서 두 번째 그림들은 감상하는 입장에서는 훨씬 흥미롭고 재미있는 한편, 어떤 상황인지 이해하기 어려울 수도 있습니다. 참가자 각자가 자기 '나름대로'의 행복을 그렸으니, 이유와 의미를 모두가 공감하기 쉽지 않습니다. 이 결과물은 앞서 이야기한 '디자인'과 달리, 일반적인 관점이 아닌 '나만의 관점'을 담고 있으니까요.

따라서 두 번째 테스트의 결과물은 특별성을 지니고 있습니다. 동시에, 세상 그 누구도 아닌 오직 나만의 스타일로 그린 그림이기에 고유성 또한 있지요. 따라서 이 결과물은 예술의 본질을 띠고 있으며, 이것을 그린 사람 역시 예술적 행위를 한 셈입니다.

사람들은 '예술가'라는 말을 거창하게 생각합니다. 전문 지식이나 기술을 갖추고 기관의 인정을 받거나 대중의 높은 호응을 얻은 사람들에게 해당하는 호칭이라고 여기지요. 하지만 사실 그렇지 않습니다. 자기만의 생각을 자기 식대로 표현할 수 있다면 그때부터 예술가로서의 활동이 시작된 것입니다.

예술성은 학습이나 주입에 의해서 나오는 것이 아니라 우리 정신 안에 이미 있는 것입니다. 이것은 언제든지, 어떠한 계기를 통해서든지 드러날 수 있습니다.

'행복한 커피' 그림에는 그린 사람의 숫자만큼이나 다양한 특별성과 고유성이 존재합니다. 하지만 이러한 그림들은 '레어성'이 발생하시 않았기에 앞서 말했듯이 레어성이 생기려면 특별성, 고유성에 대중의 공감이 더해져야 하지요.

레어성을 얻는 작품

두 번째 테스트의 결과물 중 몇 개를 예로 들어, 어떻게 레어성이 생겨나는지 살펴보도록 하겠습니다.

다음 157페이지 그림 속 커피에는 수많은 물방울이 맺혀 있습니다. 이것은 어떠한 의미일까요? 테스트에 응한 다른 많은 참가자에게 질문을 해보았지만, 아무도 창작자의 정확한 의도를 알아차릴 수 없었습니다. 잠시 후 창작자의 발표가 이어졌고, 곧 우리는 커피가 왜 이러한 모습으로 그려졌는지 이해하고 크게 공감했습니다.

그림에 대한 A의 설명을 들어보도록 하겠습니다.

도표 3-9 | 테스트 참여자 A가 그린 커피(23세, 여, 대학생)

"이 그림은 제가 대학에 합격하기 위해서 밤을 세워가며 공부할 때 마셨던 커피입니다. 커피가 이렇게 많은 땀을 흘리는 모습은 그 때문이에요. 저는 지금 여러분과 함께 이 대학에 다닐 수 있어 너무나 행복합니다."

A의 이야기를 듣고 테스트에 참여했던 사람들의 표정이 밝아졌습니다. A에 대한 관심 또한 높아졌습니다. A만의 특별성과 고유성에 대중적 공감이 더해지는 순간이었지요. 이제 A의 그림은 이 대학교에 소속된 학생들 사이에서 가치를 가지게 되었습니다.

계속해서 또 다른 그림을 살펴보겠습니다.

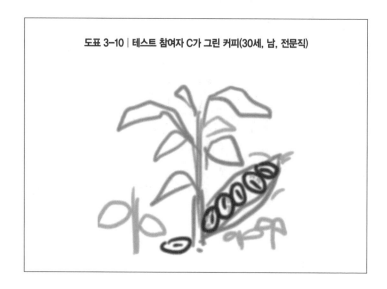
도표 3-10 | 테스트 참여자 C가 그린 커피(30세, 남, 전문직)

이 그림은 평범한 커피나무를 보여줍니다. 하지만 창작자의 설명과 함께 이 그림을 보는 사람들의 관점이 달라졌습니다.

"이것은 커피콩이 세상으로 나오기 전의 모습입니다. 커피콩의 입장에선, 자연에서 나무에 매달려 살아 있던 때가 가장 행복했다고 느낄 것이기 때문입니다."

이것은 단순한 커피나무 그림이라 할지라도 창작자만의 독특한 시각, 즉 특별성과 고유성을 담고 있습니다. 그리고 그림에 대한 설명으로 여러 사람에게서 공감 또한 얻게 되었습니다.

마지막으로 하나 더 살펴보겠습니다.

도표 3-11 | 테스트 참여자 D가 그린 커피(29세, 여, 공공기관 근무)

창작자의 설명이 있기 전에 이미 그 자리에 있던 모든 사람이 이 그림의 의미를 이해할 수 있다는 표정을 지었습니다.

"여유있는 시간을 보내며 사랑하는 사람과 함께 마시는 커피가 제가 생각하는 가장 행복한 커피입니다."

지금까지 어떻게 개인의 특별성과 고유성이 드러나는지, 또 어떻게 그것이 대중적 공감과 만나는지 예를 들어 알아보았습니다. 이렇게 AA 테스트는 레어성의 발생 원리를 쉽게 체험할 수 있게 해줍니다. 주제를 한정하지 않고 자유롭게 그리도록 했다면 더욱 독창적인 그림들이 나왔을 것이고, 더욱 다양한 사례가 쏟아졌으리라 생각합니다.

나만의 매력적인 결과물을 어떻게 만들어야 할지 가장 잘 알 수 있는 사람은 자신입니다. 그 방법을 안다면, 자신이 만든 NFT를 어떻게 사람들 마음속에 자리 잡게 할지도 생각해볼 수 있을 것입니다.

여기서 제 경험도 살려 저의 그림 소개를 하겠습니다. 제가 특별성과 고유성을 담고자한 방법에 대해서도 말할 수 있을 듯합니다. 다음 작품의 제목은 〈행복한 부엉이 **Happy owl**〉입니다(동영상 작품이나 여기에서는 한 컷을 담았습니다).

"어떻게 하면 맛있는 커피를 만들 수 있을까?"

눈 내리는 겨울밤, 부엉이는 지친 도시인들에게 맛있는 커피를 제공하기 위해 밤을 지새우고 있습니다. 더욱 맛있는 커피를 만들기 위한 고민으로 머리는 뜨거워지는데 그 열로 원두가 볶입니다. 이렇게 볶인 원두는 레일을 타고 왼쪽으로 내려오며 최종으로 커피를 우려내는데 이 모든 것을 움직이게 하는 동력은 다름 아닌 바로 부엉이의 눈물입니다.

왼쪽 눈에서 흐르는 눈물이 원두를 갈아내며, 오른쪽에서 나

출처: 저자 제공

오는 눈물은 갈려진 원두를 우려내는 것입니다.

부엉이는 눈물을 그칠 수가 없습니다. 왜냐하면 밤새 일하는 도시인들의 모습이 너무나도 슬프기 때문입니다.

이렇게 커피는 계속해서 생산될 수밖에 없고 그 커피를 마시고 정신을 차린 컬러 빛 도시인들은 계속해서 일을 합니다. 이러한 행위는 끝없이 반복되는데 마치 인간이 만든 시스템속에 스스로가 갇힌 듯합니다. 그래서 부엉이의 모습은 인간에 의해서 탄생한 구조물의 모양을 하고 있습니다.

너무나도 슬픈 현실이지만 이 부엉이는 사실 행복하답니다. 왜냐면 그것은 커피 장사가 매우 잘되기 때문입니다. 즉 〈행복한 부엉이〉는 인간이 만든 구조 속에 스스로가 갇혀서 노동을 힘겹게 반복하며 자본을 취하는 세상사의 모습을 투영하고, 함축적으로 표현한 작품입니다.

저는 이렇게 저만의 작품을 특별하게 하기 위한 방법으로 행복 속에 현대인의 슬픔을 표현한 독특한 '스토리'를 만들어 보았습니다. 이러한 스토리와 함께 고유성이 담긴 표현 방법으로 작품을 완성했습니다. 이 그림의 스토리에 사람들이 더욱 많은 사람들의 대중적 공감이 생기게 된다면 '레어성' 또한 함께 발생할 것입니다.

8
NFT 플랫폼의
특성 이해하기

NFT 창작이 다양하게 이루어지면서 발매와 관련된 서비스를 제공하는 플랫폼들 또한 저마다의 경쟁력과 특징을 내세우며 새롭게 생기고 발전하고 있습니다.

지원자의 포트폴리오를 자체적으로 검증해 선별된 양질의 NFT만을 발매하는 곳, 누구나 마음껏 참여할 수 있는 곳, 창작자와 작품의 성향이 특화되어 있는 곳 등이 있는가 하면, 판매나 결제 방식을 달리하는 곳이나 발매를 대행해주는 에이전트의 역할을 하는 곳도 있지요. 이렇게 다양한 플랫폼의 속성을 이해한다면 자신의 상황에 맞게 NFT를 발매할 수 있을 것입니다.

현실 세계 미술계에서 작품을 전시하는 공간도 마찬가지로 저마다 차별화된 특색과 전문성을 지니고 있습니다. 그 기준은 창작물의 장르나 판매 방식 등에 따라 달라집니다. 전자의 경우는 미디어 아트, 팝아트, 조각품, 동양화, 골동품 등으로 나눌 수 있고, 후자의 경우는 서울옥션과 케이옥션과 같은 경매 기관과 일반 판매를 하는 갤러리로 나눌 수 있지요. 또 판매보다는 관람이나 대관에 집중하는 곳이 있으며, 미술관이나 박물관처럼 역사적·미술사적 가치가 있는 물건이나 작품을 수용하고 전시하는 목적으로 운영되는 곳도 있습니다.

이러한 공간들 간에는 전시 작품의 퀄리티, 거래량, 언론의 주목도 등 여러 차이가 발생합니다. 역사가 깊거나 유명한 미술관이나 갤러리는 그곳을 거쳐간 작가들 또한 입지가 높은 경우가 많지요. 이들은 재력과 사회적 지위가 높은 컬렉터들과 지속적인 관계를 맺을 기회가 많아 작가들 사이에서 부러움의 대상이 되기도 합니다.

NFT를 발매하는 플랫폼들 또한 이런 양상을 보여주고 있습니다. 지금의 NFT 붐 이전부터 이미 시장을 선점하여 창작자와 컬렉터 사이에서 인지도를 확보한 곳과 그렇지 못한 곳이 있지요.

시간이 지날수록 플랫폼들은 창작자와 컬렉터, 대중과 소통하고 니즈를 반영하여 온·오프라인 양쪽에서 변화를 모색할 것입니다.

NFT의 발매와 거래가 가능한 수많은 플랫폼이 있지만, 여기서는 그중 가장 대표적인 곳들을 소개해보겠습니다.

NFT 온라인 플랫폼

●

오픈시

세계 최대 규모로 NFT 거래소의 대표격이라고 할 수 있으며 누구든지 NFT 발매가 가능합니다. 일반 상품으로 생각한다면 이베이, 쿠팡, 옥션과 같은 오픈마켓 정도로 볼 수 있는데, 창작자가 아닌 컬렉터도 자신이 구매한 작품을 되팔 수 있습니다. 작품 발매에 대한 별도의 심사나 검증 과정이 없기 때문에 좋은 작품과 그렇지 않은 작품 사이의 질적 차이가 크고, 작품의 가격 또한 천차만별입니다. 전 세계에서 너무나 많은 작품이 올라오기 때문에 경쟁이 매우 치열하며, 창작자가 SNS 등 별도의 마케팅을 하지 않으면 작품을 노출하기 어려울 수 있습니다.

니프티게이트웨이 & 슈퍼레어

니프티게이트웨이와 슈퍼레어는 두 곳 다 심사를 통해 NFT 작품을 발매합니다. 이들은 타 플랫폼들보다 설립 시기가 빠르기 때문에 일찍이 양질의 작가와 작품을 선점하고 있으며, 이에 따라 그 입지 또한 높습니다. 작가와 작품, 컬렉터를 지속적으로 관리하고, 그 과정을 통해 플랫폼의 브랜드 가치를 유지합니다. 이러한 특색으로 작가의 진입 장벽이 매우 높지만, 작품은 비교적 고가에 안정적으로 거래됩니다. 이는 컬렉터가 니프티게이트웨이나 슈퍼레어에 올라온 작품은 검증된 것이라고 생각하기 때문인 듯합니다. 실제 미술 시장에 빗대자면, 이미 브랜드화된 유명 갤러리들과 같습니다.

클립드롭스

국내에서 가장 활성화된 플랫폼으로 카카오의 블록체인 개발 자회사인 그라운드X가 운영합니다. 카카오톡의 방대한 데이터베이스를 기반으로 작품 발매 소식을 전하기 때문에 타겟 마케팅이 가능하며, 이것이 이 플랫폼의 가장 큰 장점이라 할 수 있습니다. 보통 플랫폼들은 여러 NFT를 전시하고 컬렉터가 마음에 드는 작품을 골라 구매하는 방식을 따르고 있지만, 클립드롭스는 작품 하나를 정해 하루 동안만 경매 또는 구매할 수 있도록 합니다. 일부 홈쇼핑이 광고가 나가는 시간에만 구매가 가능하도록 해 집중도를 높이는 것과 같은 전략으로 보입니다. 클립드롭스 역시 자체 심사를 거쳐 작품을 선정하며, 그 수준을 높이기 위해 이미 미술계에서 활동 경력과 인지도가 형성된 아티스트들의 작품을 발매합니다. 실제 미술계에서 활동하는 갤러리나 기획사, 독립 큐레이터 등과 협업하는 모습도 보이고 있으며, 이런 과정에서 선별한 작가들의 작품을 새롭게 디지털화해 NFT로 발매합니다.

메타갤럭시아

효성그룹의 계열사 갤럭시아머니트리의 자회사 갤럭시아메타버스에서 만든 NFT 플랫폼입니다. 이미 우리에게 익숙한 웹·모바일상의 전자결제, O2O(모바일 상품권, 전자 쿠폰, 선불 결제 등)에서 국내 최고의 입지에 있어 그와 관련된 방대한 데이터베이스를 활용하고 있습니다. 이는 새로운 NFT의 발매 소식을 전하고 타겟 마케팅을 하는 데 유리한 요소가 됩니다.

자체 심사를 통하여 작품을 선별하고 있으며, 클립드롭스와 같이 일정 기간 동안만 작품의 경매나 구매에 참여할 수 있도록 하는 방식입니다. 이곳 역시 미술계의 전문 에이전트, 독립 큐레이터 등과 협업합니다. 향후 편리한 구매를 위해 암호화폐 외에 현금 결제(원화)도 지원할 계획에 있습니다.

에덴루프

삼성갤럭시 시리즈를 탄생시킨 총괄 개발자를 중심으로 탄생한 NFT 발매 플랫폼입니다. 이곳에는 전문 포토그래퍼, 3D 디자이너, 개발자, 마케터, 디자이너 등 각 분야에서 10~30년의 오랜 경력을 갖춘 최고 전문가들이 몸담고 있습니다. 클립드롭스, 메타갤럭시아처럼 포트폴리오를 통해 자체 큐레이션한 작가들의 작품을 발매합니다. 이는 초창기 시장 진입에 성공하기 위해 양질의 NFT에 집중하는 국내 NFT 거래소들의 공통된 특성으로 보입니다. 암호화폐 외에도 페이팔PayPal을 통하여 결제의 편의성을 지원합니다.

테조스

NFT 거래에서 가장 보편적이고 입지가 큰 이더리움 기반의 체인이 아닌, 테조스 기반의 체인을 사용하는 플랫폼입니다. 이 체인의 가장 큰 특징은 유동지분증명LPoS 방식을 취하는 것입니다. 이는 이더리움처럼 방대한 블록체인상에 모두 표식을 남기는 것이 아니라 블록체인들의 대표를 선정해서 표식을 남기는 개념입니다. 이렇게 한다면 전력 소비가 상당히 줄어들기 때문에 근본적으로 NFT를 발행할 때 드는 가스비를 절감할 수 있습니다. 동시에 NFT 발행에서 전력 사용 시 일어나는 심각한 탄소 배출 문제도 해결할 수 있지요. 이런 점으로 환경 문제에 민감한 개인, 단체, 아티스트, 암호화폐 마니아 등의 관심을 받고 있습니다.

이 플랫폼이 등장한 초반에는 저렴한 가스비 혜택을 누리며 별도의 심사 과정 없이 누구나 NFT를 발행할 수 있었습니다. 이러한 특성 때문에 수준이 다소 떨어지는 작품들이 무분별하게 올라오는 모습도 보여 NFT 질 저하에 대한 우려가 있었습니다. 하지만 시간이 지날수록 맥라렌**McLaren**, 레드불 **Red Bull** 등 유명 브랜드과 함께 NFT를 발행하고, 환경 문제에서 비교적 자유롭다는 점이 부각되며 플랫폼의 긍정적인 이미지가 부각되고 있습니다.

이엔에프티**ENFTEE**

NFT 플랫폼 개발사 트라이엄프엑스**TriumphX**에서 운영 중인 NFT 아트 프로젝트입니다. 미디어, 조각, 사진, 페인팅 등 장르 구분 없이 APAC(아시아, 태평양 지역) 시장에서 활동하는 다수의 아티스트들을 발굴해 NFT 발행부터 마케팅, 세일즈까지 원-스탑 시스템을 지원합니다. 최근에는 스페셜아트라는 사회적 기업과 함께 발달 장애가 있는 작가들의 그림을 NFT화하고 NGO와 협업하여 그들의 독립을 돕는 프로젝트를 시도하고 있습니다.

트라이엄프엑스 팀은 많은 사람들이 NFT를 통한 예술적 경험을 넓힐 수 있도록 NFT의 확장 가능성에 대한 다양한 실험을 이어 나갈 계획에 있습니다.

NFT 오프라인 플랫폼

●

밈뮤지엄 Meme Museum

홍콩 침사추이에 위치한 K11아트몰에서 9GAG라는 밈 전문 플랫폼과 협업하여 개관한 세계 최초의 밈 전시관입니다. NFT로 발매된 다양한 밈의 전시와 함께 경매와 판매 또한 진행합니다. 우리가 가볍게만 보던 밈이 체계적인 기획을 거쳐 홍콩의 중심 아트몰에서 전시된다는 것은 개개인의 소소한 콘텐츠가 NFT 시대에 어떠한 영향력으로 변화할 수 있는지 보여줍니다.

누모모 NUMOMO

2021년 여름, 국내에서 최초로 NFT 작품 오프라인 전시가 열렸습니다. 바로 NFT 아티스트 에이전시 누모모가 성수동 복합문화공간 뿐또블루에서 개최한 〈토큰 선언서 The Token Manifesto〉전입니다. 이 전시에서는 비플 작품 컬렉션을 비롯해 한국의 신생 NFT 아티스트들의 작품들이 소개되었습니다. 누모모는 전 세계 최초 NFT 크리에이터 에이전시를 표방하고 있으며 아티스트, 기업, 브랜드가 NFT나 토큰을 이용해 자신의 커리어, 브랜드, 커뮤니티 역량을 끌어올리도록 돕는 것을 목표로 합니다. 창작자를 대신하여 마케팅, 회계, 법률, 교육 등의 업무를 지원해 주는 역할을 맡기도 하지요.

레이빌리지 LayVillage

국내의 울산국제아트페어에서도 NFT 아트를 소개하는 부스가 열렸습니다. 바로 아트테인먼트 기업인 레이빌리지가 NFT 플랫폼 기업인 임펙트스테이션 Impact Station과 함께 기획한 전시입니다. 레이빌리지는 NFT가 등장하기 오래전부터 국내에서 활발하게 활동하는 순수회화, 팝아트, 연예인·셀럽 아티스트들과 다양한 협업을 해오며 화랑들과 관계를 쌓아온 기업입니다. 이 같은 유대 관계를 기반으로 기존 아티스트들을 새로운 NFT 시장으로 빠르게 유입시키며 카카오 클립, 메타갤럭시아 등 다양한 플랫폼에서도 작품을 소개하고 있습니다. NFT 아트의 오프라인 전시는 현장에서 실물을 구매할 수 없기에 관객들이 작품을 관람한 후 NFT 플랫폼 피셜 Piecial에서 구매하는 방식으로 이루어지고

도표 3-13 | 울산아트페어 전시 장면

출처: 레이빌리지 제공

있습니다. 또한 이후 개최되는 국내 여러 아트페어들도 NFT 아
트를 전시할 경우 부스비를 할인해주는 프로모션을 하고 있기에
이러한 전시는 더욱 많아질 것으로 보입니다.

9
나의 NFT
발매하기

발매를 위한 준비물

●

이제 나의 NFT를 직접 발매해보도록 하겠습니다. NFT를 발매하는 것을 '민팅Minting'이라고 합니다. '주조하다'라는 뜻의 민팅을 하기 위해서는 먼저 다음의 세 가지를 준비해야 합니다.

1. 자신의 디지털 창작물

그림, 사진, 텍스트, 소리, 동영상 등 디지털화가 가능한 모든 것을 뜻합니다.

2. 전자지갑

NFT 민팅 시 필요한 가스비를 지불하고 판매될 경우 대금을 받기 위한 용도입니다. 또 구입한 NFT를 보관할 수도 있습니다. 여러 종류의 지갑이 존재하며, 그에 따라 호환이 되는 암호화폐의 종류도 다릅니다. 따라서 자신이 작품을 민팅하는 플랫폼에 호환되는 지갑이 필요합니다.

3. 가스비

NFT 제작과 거래를 위해 블록체인 검증과 안정화에 드는 전력 비용. 플랫폼을 이용하는 수수료와는 다른 개념입니다. 자신이 이용하는 플랫폼에 맞는 암호화폐를 보유하고 있어야 합니다.

이 세 가지 준비물을 갖추면 이제 내 NFT를 민팅할 수 있습니다. 여러 플랫폼이 있지만, 여기서는 현재 가장 널리 알려져 있고 별도의 포트폴리오 심사가 필요 없는 오픈시를 통해서 민팅 방법을 알아보겠습니다. 대부분 플랫폼은 민팅 방법이 거의 유사하므로, 오픈시의 방식을 이해한다면 다른 곳의 방식도 금방 이해할 수 있을 것입니다. 또한 인터넷에서 'NFT 민팅'이라는 키워드로 검색을 하면 개인 블로그나 유튜브에서 다양한 정보를 접할 수 있습니다.

오픈시에서 발매해보기

●

방법 1-1 | 메타마스크 접속

우선 오픈시에서 연동이 가능한 메타마스크(전자지갑)를 만들어야 합니다. 크롬브라우저를 통해 메타마스크 사이트**https://metamask.io**에 접속하여 지갑(확장프로그램)을 다운받고 실행합니다.

방법 1-2 | 암호 설정

그다음 시작하기→ 지갑 생성→ 암호 생성 순으로 이동하여 암호를 설정합니다.

방법 1-3 | 비밀백업구문 설정

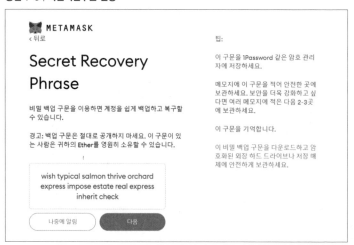

지갑 설치를 할 때 가장 중요한 것은 비밀백업구문(시드 구문)을 잘 기록하여 보관해놓는 일입니다. 암호를 잃어버렸을 때와 지갑을 복구하기 위해서는 반드시 필요하지요. 코인이나 NFT 등 블록체인 환경 자산은 기본적으로 중앙기관에서 관리되는 것이 아니기 때문에, 자산 보호에 대한 책임은 전적으로 자신에게 있습니다. 현실 세계에서 은행에 보관하는 예금은 개인의 신분 확인을 기반으로 하므로, 통장 비밀번호나 공인인증서를 잃어버려도 신분을 증명하기만 하면 돈을 찾을 수 있습니다. 하지만 탈

방법 1-5 | 메타마스크 생성 완료

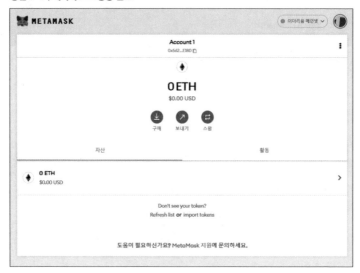

중앙화한 블록체인 환경에서는 그런 증명이나 보호를 해주는 것이 존재하지 않습니다. 따라서 시드 구문을 잊어버리면 영원히 자신의 가상 자산을 찾을 수 없게 될 수도 있습니다. 또한 새로운 컴퓨터로 메타마스크를 가져올 때도 시드 구문이 필요합니다.

비밀백업구문을 차례대로 클릭한 후 확인 버튼을 누릅니다. 이제 메타마스크가 생성됐습니다.

민팅에 필요한 암호화폐 구매

오픈시에서 민팅 시 발생하는 가스비는 보통 0.03이더리움이지만, 같은 시간에 등록하는 사람의 수에 따라 거래량이 변화하여 가스비가 달라질 수 있습니다. 가스비는 이더리움을 구매하여 메타마스크 지갑에 전송을 미리 해놔야 합니다.

방법 1-6 | 오픈시에서 메타마스크 지갑 연결

이때는 두 가지 방법 중 하나를 선택할 수 있습니다. 첫 번째는 코인 거래소에서 구매하여 메타마스크로 송금하는 방식이고, 두 번째는 메타마스크 계좌의 구매 버튼으로 연결되는 와이어**Wyre**를 통해서 구입하는 방식입니다. 두 번째 방법이 첫 번째 방법보다 수수료가 적게 들기 때문에 약간의 비용 절감 효과를 기대할 수 있습니다.

작품 등록하기

크롬 브라우저에서 오픈시에 접속한 뒤 오른쪽 상단의 사람 모양 버튼을 눌러 사인인**Sign in**합니다.

방법 1-7 | 내 NFT 매장 만들기

이제 오픈시 상단의 'Create(생성)' 탭을 누른 후 'My Collection (내 컬렉션)'을 선택하고 'Create new collection(새 컬렉션 생성)'에 동의하면 됩니다.

방법 1-8 | 작품 등록

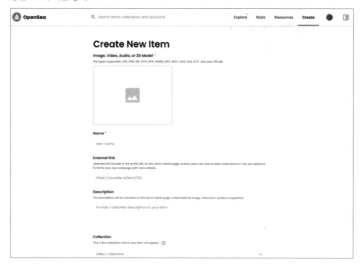

만들어놓은 매장 Collection안에서 'Create new item(새 아이템 생성)'을 선택하여 자신이 준비한 디지털 작업물 중 NFT화하고 싶은 것을 업로드합니다.

방법 1-9 | NFT 업로드

    자신의 디지털 작업물 오른쪽 위의 'Sell(판매하기)'을 클릭하면 가격과 판매 방식 등을 결정할 수 있습니다. 사진은 제가 그린 달마도입니다.

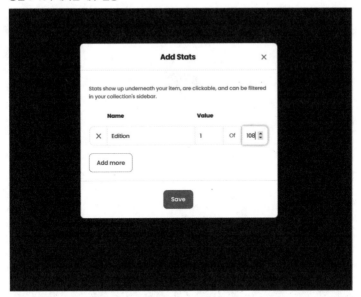

에디션 수량을 정해서 판매할지 또는 단일 에디션으로 경매를 붙일지 선택합니다. 이제 판매를 실행하려면 가스비를 결제해야 합니다. 저는 여기서 에디션을 달마의 108 번뇌를 빗대서 108개로 지정했습니다.

방법 1-11 | 판매 등록 완료

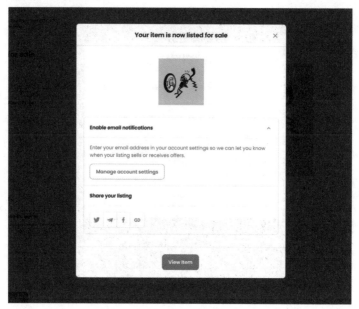

이렇게 하면 판매를 위한 모든 절차가 끝납니다. 오픈시 검색
창에 자신이 등록한 이름을 입력하면 업로드한 자기 작품을 확
인할 수 있습니다.

검색엔진과 유튜브를 살펴보면 오픈시를 비롯한 그 외 다양한
NFT 마켓 플랫폼에 디지털 창작물을 등록하는 방법이 상세하게
설명되어 있습니다. 지금은 시기적으로 이러한 플랫폼들이 시장
을 형성하는 초기 단계이기 때문에 나름대로의 이벤트와 홍보를
실시하는 곳도 있습니다. 오픈시 외 다른 플랫폼에 관심이 가는

분들은 이런 여러 정보를 참고하셔도 좋겠습니다.

내 NFT 홍보하기

●

NFT를 등록하고 나면 홍보 과정 또한 필요합니다. 기본적으로 전 세계 대부분의 NFT 창작자가 페이스북, 트위터, 인스타그램과 같은 자신의 SNS 계정에 해시태그를 걸어 작품을 알리고 있습니다. 지금 세계적으로 NFT에 대한 관심이 열풍이라 할 만하기 때문에 #NFT, #NFTART, #NFTARTIST와 같은 해시태그만 걸어놓아도 작품이 노출될 수 있습니다.

자금에 여유가 있다면 전문 SNS 마케팅 업체의 서비스를 이용하는 것도 좋겠지만, 비용이 들어갑니다. 따라서 이러한 시도 전에 자신의 작품 이미지와 그에 따른 스토리, 자신의 프로필, 사진 등이 대중에게 알려지고 관심을 끌 수 있도록 충분한 준비를 하는 것이 좋습니다.

여기서는 미술계에서 작가들이 자신과 자신의 작품을 홍보하기 위해 사용하는 방법을 기초로 이야기하겠습니다. NFT 거래가 온라인에서 일어나는 일이지만, 참고가 될 것입니다.

자신만의 매력을 담은 창작물

작품의 홍보에서 가장 중요한 것은, 이 책에서 계속 강조하는 자신만의 고유성과 특별성이 담긴 창작물을 완성하는 일입니다. 이것은 비단 지금의 NFT 시대뿐 아니라 그 이전 시대에서도 변함없이 유효한 일이었습니다. 가장 중요한 경쟁력은 차별화입니다. 세상에서 흔히 볼 수 없는 것, 다른 작품들과 차별되어야 한다는 뜻입니다.

이렇게 창조된 이미지는 오직 원작자밖에 표현할 수 없기 때문에 이런 점에 매력을 느끼는 개인 컬렉터, 기업, 미술관, 갤러리, 독립 큐레이터 등으로부터 관심의 대상이 될 수밖에 없습니다. 창작을 하는 데 수없이 많은 고민과 시간이 들겠지만, 창작물이 노출되어 세상의 관심을 끌게 되는 것은 한순간입니다. 그 순간을 잡을 기회를 극대화할 수 있는 것은 다름 아닌 창작물 그 자체이지요. 저는 자신만의 매력을 담은 창작물이 모든 마케팅 수단 중에 가장 강력한 것이라고 믿습니다.

그룹을 형성하여 오프라인 전시

SNS를 조금만 살펴보거나 NFT 관련 커뮤니티를 잠깐만 들여다봐도, 자신 외에 다른 NFT 창작자들을 볼 수 있습니다. 이 중에서 마음이 맞거나 자신과 스타일이 잘 조화될 것 같은 창작자들을 발견한다면, 이들과 함께 오프라인에서 기획 전시를 시도해볼 수 있을 것입니다. 처음부터 전문 미술관이나 상업 화랑에 바로 진입하는 일은 쉽지 않겠지요. 하지만 인터넷을 잘 살펴보면 무료로 전시장을 대관해주는 카페, 레스토랑, 상가, 문화 공간 등이 있습니다. 이런 곳들은 전시를 통해 공간을 홍보하기 위해 포트폴리오 창구를 열어놓기도 합니다.

만약 끝내 전시 장소를 섭외할 수 없다면 창작자들끼리 일정 비용을 모아서 대관하는 방법도 있습니다. 대체적으로 상업 화랑보다는 지방자치 단체에서 운영하는 문화 공간과 아트센터 등의 대관료가 훨씬 저렴합니다. NFT 작품은 실제 작품을 전시할 때와 달리 모니터나 빔프로젝터 등 구동 장비가 필요하니, 이러한 장비들을 준비할 수 있고 구동이 가능한 환경인지 알아보아야 할 것입니다. 장비의 사용이 어려운 환경이라면 NFT 작품을 프린트하여 전시하는 것도 한 방법이 될 수 있습니다.

이제 전시를 할 수 있게 되었다면, 이 단계에서 가장 중요한 일은 나의 전시 사실을 언론에 알리는 것입니다. 아는 기자나 언론사가 있다면 좋겠지만 그렇지 않은 경우에는, 직접 문화 관련 기자나 언론사에 전시 취지와 내용을 알리는 메일을 쓰도록 합니다. 이들의 연락처는 인터넷을 검색하면 기사나 홈페이지를 통해 알아낼 수 있습니다. 이렇게 메일을 보낸다면 기사가 날 수도 있고, 경우에 따라서 기자나 언론사가 취재를 나오거나 인터뷰를 요청하기도 합니다.

기자나 언론사 관련 홍보는 매우 중요합니다. 기사는 개인 SNS 홍보와는 비교할 수 없이 공신력이 크고 노출과 확산 범위도 넓기 때문입니다. 언론사 인터뷰나 취재 데이터가 누적된다면 창작사의 입지 또한 굳건해지고, 이어 다른 언론사나 전시 주최 측으로부터 연락을 받을 수도 있습니다. 작가와 작품에 대해 알려진 정보가 많을수록 NFT 창작물 판매도 더욱 유리해집니다.

지속적인 전시 활동은 팬층을 형성하는 데 도움이 됩니다. 창작자들이 모여 전시를 하면 관객들이 생겨납니다. 처음에는 지인이나 가족 정도가 될 수도 있겠지만, 이들이 SNS를 통해 작품이 더 널리 알려지도록 하는 효과를 낼 수 있지요. 그렇게 또 다른 누군가가 작품을 보고 호감을 느낀다면, 다음 전시에 찾아오는 새로운 관객이 될 수도 있습니다.

온라인상에 나만의 전시장 만들기

개인 블로그, SNS, 홈페이지 등을 만들어 자신의 포트폴리오를 한곳에서 볼 수 있게 해야 합니다. 미술관을 비롯한 여러 전시 공간, 큐레이터, 작가의 이미지를 필요로 하는 기업의 기획자 등은 더욱 좋은 전시를 위해 항상 작가를 발굴하고 있습니다. 나와 내 작품을 잘 살펴볼 수 있도록 일목요연하게 정리해놓은 블로그나 홈페이지가 이들에게 좋은 정보를 제공할 수 있을 것입니다.

이 일 또한 매우 중요한데, 사실 저는 이렇게 함으로써 본격적으로 작가 생활을 시작할 수 있었습니다. 작가로서 창작 활동을 시작한 초반에 블로그에 작품을 업로드했고, 그 일을 계기로 미술관 측의 초청을 받으면서 작품이 알려지게 되었지요.

지금은 NFT 아트가 초창기인 시점이라 이와 관련된 미술관 전시 사례가 많지 않지만, 머지않아 이러한 전시가 일상이 될 것입니다.

꾸준하고 지속적인 연재

블로그, SNS 등을 통해 지속적으로 작품을 업데이트한다면 스타일과 아이덴티티가 점점 두각을 드러낼 것입니다. 당장 올리는 작품이 반응이 없더라도 중요한 것은 꾸준함입니다. 이런 노력으로 자신이 앞으로 꾸준히 작품 활동을 해나갈 수 있다는 가능성을 보여줄 수도 있습니다. 새롭게 게재되는 작품은 웹페이지 상단에 자리 잡게 되어, 이 또한 미술관 등의 전시기관과 기업 등에 노출할 좋은 수단이 됩니다.

커뮤니티 형성

작가와 작품을 주제로 한 커뮤니티를 만드는 일도 굉장히 좋은 홍보 마케팅 방법일 수 있습니다. 오프라인 전시회와 함께 온라인상에 전시장을 만들고 작품을 연재(업데이트)하면서 차차 작품을 알아봐주는 사람들과의 소통을 이어가는 과정이 지속된다면 마니아들 또한 생겨날 수 있을 것입니다.

인터넷상의 카페, 밴드, 페이스북 페이지 등에서 지속적으로 작가와 작품의 스토리를 알리며 이벤트를 기획하는 방법으로 활성화할 수 있을 것입니다. 운이 좋아 작품이 한순간에 큰 사랑을 받는다면 자연스럽게 팬이 생기겠지만 대부분의 경우에는 스스로 혹은 주변의 조력자, 마음이 맞는 작가들과 힘을 모아 자체적으로 커뮤니티를 만들 수 있을 것입니다.

저의 경우는 직접 기획한 '아트콘서트'를 주기적으로 진행하며 팬들과 소통하고 있습니다. 이것은 마치 저자가 '북콘서트(토크)'를 이어가는 것과 같은 맥락입니다. 저는 아트콘서트를 통해서 작품을 알리며 강연이나, 전시, 그리고 작품의 직접적인 판매의 기회도 얻을 수 있었습니다. 이러한 일들이 성공적으로 지속될 수 있는 가장 중요한 요인은 작품과 관련된 스토리가 얼마나 대중에게 공감을 얻고 주목을 받을 수 있느냐 일 것입니다. 이를 위해 작가는 끊임없이 고민하고 치열하게 노력을 해야겠지요.

퍼포먼스

자신과 작품의 이미지를 알리고 주목을 끌기 위한 방편으로 실제로 과감한 퍼포먼스를 기획해 선보이는 작가도 있습니다. 사람들이 많이 모이는 도심 한복판에서 특이한 의상으로 시선을 끌고, 그것을 자신의 SNS에 올리거나 뉴스를 통해 알리는 것이지요. 또 실제 미술관이나 갤러리, 아트페어 등의 전시에서 주최 측과 합의하여 대중 앞에서 페인팅 등의 행위 예술을 하는 작가들도 있습니다. 이렇게 자신만의 생각이 담긴 이벤트를 기획해 보는 것도 추천합니다.

작품을 발매할 때 주의점
●

에디션 수량 관리

NFT 작품 발매 시 에디션 수량(한 작품에 대한 발매 총량)을 철저하게 관리해야 합니다. 자신이 창작한 이미지의 발매 총 수량을 정하였다면 그 수량 이상이 출시되지 않도록 하는 것입니다. 이는 창작자가 컬렉터에게 지켜야 하는 기본적인 규칙이자 예의입니다. 만약에 어느 한 작품의 이미지가 총 100개의 에디션으로 발매된다고 하면 이 작품이 전 세계에 출시될 수 있는 총량이 절대로 100개를 넘어서는 안 되는 것입니다. 행여나 작품이 활발하게 판매돼 같은 이미지를 추가로 더 발매한다면 이는 컬렉터를 기만하는 행위입니다. 컬렉터는 세상에 단 100개밖에 존재하지 않는 작품의 희소성을 생각해 작품을 구입했을 것입니다. 수량 관리가 엄격하게 시켜지지 않으면 후에 작가의 발매량에 대한 믿음이 떨어집니다. 이는 실제 오프라인 미술계에서 판화 작품을 판매할 때도 마찬가지입니다. NFT 작품 발매와 다른 점이 있다면 오프라인 미술계에서는 관례적으로 정식에디션 외에 작가 보유분이나, 선물용, 테스트용이라는 명분으로 지극히 적은 몇 점만 더 찍어낼 수 있는데 이럴 때는 작가가 작품아래쪽에 A.P(아티스트소장 판)나 H.C(전시, 선물용)등을 남겨 정식에디션이 아니라고 표시합니다.

희소성 관리

만약 발매한 NFT 작품의 총 100개 에디션 수량이 인기가 좋아 빠른 시간에 모두 판매가 되었다고 가정해봅시다. 이럴 경우 작가는 높은 판매율 때문에 같은 작품을 다시 발매하고 싶은 욕심이 생길 수 있습니다. 하지만 앞서 말했듯이 컬렉터를 기만하는 행위가 되기 때문에 이미 완판된 에디션의 이미지를 변형해 새로운 작품처럼 다시 발매할 수도 있습니다. 하지만 이러한 방법을 시도할 때는 다시 한 번 희소성의 가치를 고려해봐야 합니다. 큰 차이 없는 비슷한 이미지로 작품의 발매 수량을 늘린다면 이 역시 작품의 가치를 떨어뜨릴 수 있기 때문입니다. 비슷한 이미지가 없는 작품 에디션의 수량이 소수일 때 희소성의 가치가 높아집니다.

물론 다른 경우도 있습니다. 세계적인 팝아티스트 앤디 워홀은 유명한 마릴린 먼로 판화 작품을 색상만 바꾸어 새로운 에디션을 발매했는데 이는 당시 작가의 인기가 엄청나게 높아서 판화를 구입하겠다는 사람들이 매우 많았기에 가능한 일입니다. 즉 수요가 넘쳐서 공급을 늘려도 희소성의 가치를 깎아내리지 않는 것입니다.

이렇게 희소성의 가치를 조절하기 위해서 작품의 이미지, 총 에디션 수량, 판매 가격, 작품의 인기도 네 가지 조건을 참고하여 작가만의 전략으로 발매 계획을 세우는 것이 중요합니다.

디자인 상품 등과 작품의 희소성 관계

작가와 작품이 유명해지면 관련 디자인 상품 등이 생길 수 있습니다. 2차 판권에 대한 라이센스는 작가의 좋은 수입원이 될 수 있지만 자칫하면 희소성의 가치를 떨어뜨릴 수도 있습니다. 간혹 컬렉터에 따라 작품을 선택할 때 가장 중요하게 보는 것이 세상에 없는 유일함입니다. 그런데 자신이 작품을 독점 소장하면서 생기는 이익 대신 여기저기서 작품이 사용된다면 희소성의 가치를 중점적으로 구매한 컬렉터들에게는 작품의 매력이 떨어질 것입니다.

저의 경우에는 저의 작품 이미지가 다양한 굿즈, 캐릭터 상품으로 나와 유명해지기를 바라는 편입니다. 아무리 이미지가 남발되어도 작가에 의해 최초 작품으로 발매된 발생한 진본의 가치와는 다르다고 보기 때문입니다. 오히려 굿즈나 캐릭터 상품으로 소비되면서 대중적으로 유명해진다면 원본의 가치는 더 올라간다고 판단합니다. 하지만 취향에 따라 희소성이 높은 '프리미엄'을 중점으로 보는 컬렉터 층도 있기 때문에 이러한 부분도 참고하는 전략이 필요할 것입니다.

추급권 설정

추급권은 작품을 구매한 컬렉터가 재판매하여 생기는 이익금의 일정 비율(약 10퍼센트 이내 수준)을 원작자에게 지급하는 것을 뜻합니다. NFT 발매 플랫폼에 따라 추급권을 설정할 수 있는 곳이 있고, 설정할 수 없는 곳이 있습니다. 또한 세부적인 설정 내용도 다를 수 있습니다. 작품 발매 시 이러한 내용을 살펴보면 더욱 도움이 될 것입니다.

10

NFT 저작권은
어떻게 보장되나?

NFT 창작자가 알아야 할 저작권

●

NFT를 창작하고 거래하다 보면 자연스럽게 저작권과 관련해 궁금증이 생길 것입니다. 또한 NFT가 가상 세계 속에 존재하기 때문에 실재하는 작품과는 다른 저작권법이 적용되지 않을까 하는 생각이 들 수도 있겠지요.

하지만 기본적으로 NFT 작품도 실제 미술품과 같은 맥락에서 저작권법이 적용됩니다. 존재하는 곳의 차이가 있을 뿐, 작품 속에는 원작자에 의해 탄생된 고유성이 있습니다. 자연히 이에 대한 권리도 생겨나지요.

저는 작품을 제작하고 거래하고, 이를 문서화하고 증명하는 과정에서 저작권에 관련된 다양한 일들을 겪었습니다. 여기서는 여러분에게 실질적으로 도움이 될 만한 사항들만 정리해보겠습니다.

NFT 작품 완성과 동시에 발생하는 저작권

작품이 완성되는 순간 저작권 등록 여부와 관계없이 저작에 대한 권리가 자동적으로 생겨납니다. 저작권 '등록'은 작품에 대한 권리를 문서화하여 표면적인 형식을 갖추는 일일 뿐입니다. NFT 플랫폼을 통해 작품을 발매할 경우 원작자가 누구인지, 언제 발매되었는지가 세상에 공표되기 때문에, 이에 대해 더욱 확실한 근거가 발생합니다.

저작권과 소유권의 차이

NFT 작품을 구매한다는 것은 그 NFT에 대한 소유권을 가지는 일입니다. 따라서 원작자와 별도로 합의하지 않는 한, 구매자는 NFT 작품 속 이미지를 도용하거나 2차 상품을 만들 수 없습니다. 이것은 실제 작품에도 마찬가지로 적용됩니다. 자신이 구매한 실제 작품 속의 이미지를 활용하여 2차 상품을 만드는 것은 관련 법을 위반하는 일입니다. 사진을 찍어 NFT화하여 재발매하는 일도 마찬가지입니다.

미국의 유명 아티스트 바스키아**Jean Michel Basquiat**의 작품을 구매한 기업이 그 사진을 찍어 NFT화하여 경매를 추진했던 적이 있습니다. 하지만 바스키아재단 측에서 저작권까지 양도한 사실이 없다고 밝혀 경매가 취소되었지요. 간송문화재단에서 〈훈민정음 해례본〉을 NFT화해서 발매한 사례가 있습니다. 이 경우는 저작권 유효 기간(원작자 사후 70년)이 지나 권리가 만료된 상태이기 때문에 가능했습니다. 참고로 개인이 NFT 창작 작업을 할 때도 이렇게 저작권이 만료된 이미지를 쓰는 것에 대해서는 제재가 없습니다. 하지만 주의할 점은 70년이 지난 최초의 이미지를 리메이크하거나 수정한 새로운 이미지(70년이 되지 않은 이미지)는 새로 저작권이 발생했을 수 있기 때문에 잘못 사용하면 저작권법에 위배될 수 있습니다.

내 NFT 작품에 다른 저작물 사용하기

지금까지 발매된 여러 NFT 작품을 살펴보면, 유명 명품 브랜드의 상표나 모두가 알고 있는 캐릭터를 이용한 것이 종종 있습니다. 이것은 NFT 작품뿐만 아니라 실재하는 작품에서도 많이 볼 수 있는 상황입니다. 세계적인 아티스트 앤디 워홀의 작품에는 코카콜라, 앱솔루트 보드카, 슈퍼맨, 마릴린 먼로와 같은 유명한 물건이나 인물의 이미지가 가득합니다.

정확하게 말하자면, 원작자와 합의된 경우를 제외하고는 모두 저작권법 위배에 해당합니다. 저작권은 원작자(저작권리자)의 소송에 의해서만 그 권리를 행사할 수 있습니다. 하지만 권리를 침해당한 원작자가 이런 일로 소송을 거는 경우는 많지 않지요. 그 이유는 지금까지의 관례적인 상황과 분위기로 보았을 때, 자유로움을 펼치며 창작 활동을 하는 작가들과 창작 문화를 존중하기 때문일 것입니다.

실제 사례를 이야기하자면, 수년 전 우리나라에서 팝아트 붐이 일어났을 때 많은 작가가 명품 브랜드 루이비통의 로고와 이미지를 사용하여 작품을 제작했습니다. 이러한 그림들은 루이비통의 인기와 함께 유행처럼 확산되었지요. 이에 루이비통 측은 그런 그림을 그리는 전 세계 작가들을 조사한 후, 자신들의 로고와 이미지를 부적절하게 사용한다고 판단되는 경우에만 제재를 가했습니다.

창작 작품에 저작권이 유효한 이미지를 활용한다고 해서 소송을 당하는 일이 잦지는 않더라도, 아예 분쟁 사례가 없는 것은 아닙니다. 또한 창작자의 권리를 침해할 수 있습니다. 이러한 이미지가 포함된 NFT 작품을 제작·발행하려는 창작자는 원작자에게 사전에 동의를 구하든지, 창작자의 이미지를 부적절하게 사용하고 있는 것은 아닌지, 일어날 문제 등을 신중하게 생각해봐야 합니다.

개인적인 의견으로는 NFT의 특징인 발매 이력 보존을 적용하여 절충안을 찾을 수 있지 않을까 합니다. 창작자가 작품을 만드는 과정에서 누군가의 저작물을 사용했다면, 판매 이익금의 일부가 원작자에게 가도록 하는 기능을 도입하는 것입니다. 그렇게 한다면 이런 문제를 좀 더 효율적으로 처리할 수 있을 것입니다. 또한 더 많은 창작물이 더 자유롭게 탄생하게 되는 계기가 되겠지요.

보안의 중요성

●

원작자의 존재를 알려라

앞서 말했듯이 NFT 작품을 발매하면 블록체인상에 원작자가 누구인지 정확한 기록이 남습니다. 이는 곧 저작권을 완벽하게 보호받을 수 있다는 의미이지요. 하지만 자칫하면 놓치고 지나칠 수 있는 큰 문제가 있습니다. 디지털화한 작품이 컴퓨터에 파일로 남아 있을 때는 여전히 안심할 수 없다는 사실입니다.

내가 작품 등록을 하기 전에 누군가가 내 컴퓨터에서 이미지 파일을 몰래 훔쳐다가 자신의 명의로 NFT를 발매하는 일이 일어날 수도 있습니다. 그러면 처음부터 발매자가 내가 아닌 다른 '누군가'가 되기 때문에 원래 내 작품임을 증명할 방법이 없습니다. 만일 이 그림을 통해 수익이라도 발생한다면 더욱 억울한 마음이 들 것입니다.

이런 일을 방지하기 위해서는 NFT 발매 전부터 '이 그림의 원작자가 나'라는 사실을 모두에게 공개하는 과정이 필요합니다. 가장 쉬운 방법은 페이스북, 인스타그램과 같은 SNS에 자신이 작업하는 과정을 포스팅하는 것입니다. 좀 더 큰 규모의 대책도 실행할 수 있다면 전시와 같은 이벤트를 열고 기사화하는 것도 좋습니다.

컬렉터도 구매하려는 NFT에 대해 뭔가 의심이 느껴진다면 웹사이트나 SNS를 통해 그 작가에 대한 정보를 검색해보는 등 확인 과정을 거쳐야 합니다.

현실 세계 미술계에서도 명의 도용이 일어납니다. 영화감독

팀 버튼**Tim Burton**이 그런 실화를 바탕으로 영화 〈빅 아이즈**Big Eyes**〉를 만들었습니다. 화가 마거릿 킨**Margaret Keane**이 그린 그림을 입담과 세일즈에 능한 남편이 자기가 그린 그림이라고 속여 팝니다. 그 후 그림이 유명해져 큰 수익을 거두자 누가 원작자인가를 두고 분쟁이 일어나 재판까지 가게 되는 스토리입니다. 마거릿뿐만 아니라 누구에게도 일어날 수 있는 일이지요..

디지털 자산에 대한 정부의 입장

국내외 정부기관은 NFT에 관한 저작권이나 법률적 규제 등에 대해 고심하는 분위기이지만, 아직 어떤 뚜렷한 행동은 보이지 않습니다. 우리나라의 문화체육관광부 또한 NFT 마켓에서 발생하는 저작권에 관한 운영이나 서비스 방안을 마련하겠다고 했으나, 아직까지 아무런 발표가 나오지 않았습니다. 하지만 지금까지 저작권법을 바탕으로 NFT에 적합한 방안들이 나올 것이라 예상됩니다. 이 문제는 시간이 좀 더 지나 여러 가지 사례가 쌓여야 해결할 수 있을 듯합니다. 또한 실제 예술계에서 활동하는 관계자들과의 논의도 필요할 것입니다.

11

NFT 창작 환경은
어떻게 변할까?

NFT 시대의 경쟁력

●

처음 산업 사회가 시작되었을 때 기업의 관건은 대량화였습니다. 그래서 너도 나도 제품을 빠른 속도로 많이 찍어낼 수 있는 기술력을 갖추려고 노력했습니다. 이것이야말로 경쟁력 그 자체였기 때문입니다. 하지만 시간이 지나 이러한 기술력이 포화된 시점에는 디자인이 주목받는 시대가 왔습니다. 그다음 이어진 창조 경제 시대에는 얼마나 새롭고 혁신적인 생각을 할 수 있는가가 화두로 떠올랐습니다.

시대의 흐름에 따라 세상이 생산력, 디자인, 창조력 순으로 초점이 바뀐 것이지요.

새롭게 주목받는 어떤 제품이 등장하면 얼마 지나지 않아 유사한 제품이 잇따라 나오는 모습을 쉽게 볼 수 있습니다. 물론 유사 제품은 처음에 나온 제품보다 신선함이 떨어지기에 대부분의 경우 가격을 낮추어 판매하는 전략을 취합니다.

하지만 생산 기술의 발전으로 유사 제품의 품질 또한 나쁘지 않고 비교적 쓸 만하지요. 디자인 측면에서도 크게 뒤지지 않기에, 처음 나온 제품이어도 시장을 점유할 수 있는 것은 아닙니다.

이러한 시점에 NFT의 등장은 기업과 공공기관에 어떤 의미를 갖는 것일까요?

같은 것을 저렴하게 잘 만드는 데서 벗어나 완전히 다른 관점의 경쟁력을 찾아야 할 때입니다. NFT가 새로운 시장으로 각광받는 요인은 거기에 담긴 가치가 대체 불가능하기 때문입니다. 기업이 제공하는 상품과 서비스 혹은 공공기관이 펼치는 여러 사업을 지금의 관성적인 경쟁 구조에서 벗어나게 하려면 그들만의 고유하고 특별한 경쟁력이 있어야 할 것입니다.

그렇다면 그런 경쟁력을 이루는 것에는 무엇이 있을까요?

가성비가 아닌 가심비

기술의 상향평준화로 모든 공산품의 품질은 전반적으로 우수해졌고 가격은 낮아졌습니다. 소비자가 인터넷 검색을 통해 간단히 가격을 비교할 수 있기 때문에, 생산비 절감 외에는 별다른 경쟁력을 확보할 수 없는 상황이지요. 규모가 가장 큰 기업이 물량으로 시장에서 우위를 차지하면 그다음 기업들은 경쟁에서 이기기가 더욱 어려워집니다.

이렇게 수많은 공산품이 가성비(價性比)라는 기준 아래 치열하게 경쟁하고 있습니다. 소비자 또한 인터넷 등에서 얻은 많은 정보를 바탕으로 상품을 저렴하고 합리적으로 구입하는 데 능숙합니다. 가성비는 경쟁력이 아닌 상품 선택의 기본 요건입니다.

이런 시점에서 가성비가 아닌 가심비(價心比)에 대한 욕구가 나왔습니다. 가심비라는 새로운 기준은 '품질 좋은 상품을 얼마나 저렴하게 구입하느냐'가 아닌 '얼마나 자신에게 의미 있는 상품을 구입하느냐'가 중요한 시대가 되었음을 뜻합니다.

가심비 욕구를 따른 소비는 가격보다 경험을 중요하게 생각하고, 자신의 만족을 중요하게 여깁니다. 규격화된 것, 싼 가격을 기준으로 삼지 않는 것입니다. 소비자의 새로운 욕구를 충족시키려면 기업들은 자기 상품만의 특별한, 즉 대체 불가한 장점을 찾아야 합니다. 그 방법은 바로 레어성의 원리에서 힌트를 얻을 수 있을 것입니다.

NFT 시대의 대체 불가 인재

기업과 공공기관의 대체할 수 없는 상품과 서비스의 핵심은 그것을 개발하는 훌륭한 인재를 통해서 나올 것입니다.

외국의 명품 자동차 브랜드 A사에서는 디자이너를 선발하는 입사 시험에서 '얼마만큼 자사 자동차의 이미지를 잘 그릴 수 있는가'가 아니라, '얼마만큼 자신만의 생각으로 자동차를 잘 그릴 수 있는가'를 봅니다.

저는 A사가 왜 이런 식으로 인재를 선발하는지 궁금해졌습니다. 어떠한 회사라도 자사 브랜드가 가진 이미지를 제품으로 잘 구현할 수 있는 인재를 영입하고 싶어 할 것입니다. 그래야 브랜드의 가치를 더욱 잘 살릴 수 있는 제품을 만들 수 있을 테니까요. 나중에 좀 더 알아보니, 이유가 있었습니다. 구체적인 예시를 들어 설명해보겠습니다.

A사 자동차 디자인의 고유 스타일을 △ 모양이라고 하겠습니다. 그런데 A사는 디자이너 입사 시험에서 △ 모양을 잘 그리는

디자이너를 발굴하지 않습니다. 대신에 자신만의 자동차를 잘 디자인하는 사람을 선발합니다. 그렇게 입사한 디자이너들은 각각 자신만의 스타일인 □, ○, ☆ 모양 등으로 자동차를 그리기에, A사의 △디자인으로 자동차를 그리는 일에는 능숙해지지 못합니다.

하지만 A사는 이들에게 △ 모양으로 자동차를 표현하라고 강요하지 않습니다. 오히려 각자 가장 잘 표현할 수 있는 □, ○, ☆ 모양의 자동차를 더욱 잘 그려내고 연구할 수 있도록 지원을 아끼지 않습니다. 이들 또한 △ 디자인보다 자신만의 고유성과 특별성이 담긴 디자인을 할 때 훨씬 능률이 높을 것입니다.

시간이 흘러 세상이 바뀌는 시점에 ☆ 모양의 자동차가 트렌드를 주도할 조짐이 보입니다. 그러면 이때 수년간 ☆ 모양을 그려왔던 디자이너가 내놓은 그간의 결과물을 중심으로 새 모델을 개발합니다. 이렇게 해서 A사는 어떤 경쟁사보다 빨리 새 트렌드를 선도하는 자동차를 출시하는 것입니다.

이러한 준비 과정으로 A사는 막 시작되려는 ☆ 모양 트렌드의 새로운 시장을 주도할 수 있습니다. 이때 다른 자동차 회사들이 재빨리 ☆ 모양 자동차를 만들어낸다고 해도, 이미 오래전부터 준비한 A사를 따라잡기는 무척 어렵습니다.

A사는 지금 당장이 아니라 앞으로 다가올 미래의 자동차 트

렌드를 예측하고 대비한 것입니다. 즉, 미래 트렌드를 이끌고 실현할 디자이너를 선발한 것이지요. 자사가 현재 가지고 있는 디자인 아이덴티티를 구현해줄 디자이너들은 이미 충분히 보유한 상태입니다.

그래서 A사는 자사의 현재 디자인을 잘 그려낼 디자이너보다는 자신만의 특별성과 고유성을 지닌 디자이너를 발굴하는 데에 초점을 두는 것입니다. A사는 시대가 바뀌고 새로운 트렌드가 시작되는 시점이 다가오면, 이렇게 선발한 디자이너 중 그 트렌드에 가장 맞는 사람을 메인 디자이너로 세우고, 기존 디자이너들을 보조로 활용해 새로운 자동차를 출시합니다.

새로운 트렌드를 선도하는 A사의 전략은 특별성과 고유성을 핵심 요소로 해서 그 누구도 자사 브랜드를 대체할 수 없게 하는 결과를 불러옵니다.

A사 외 다른 해외 고급 자동차 브랜드들의 개성 있는 디자인을 봐도 이러한 과정이 왜 중요한지 이해할 수 있습니다. 한편, 우리나라 자동차의 디자인은 브랜드의 고유성이 없이 매우 빠르게 바뀌며 이전 시리즈와 완전히 다른 형태로 구현되는 경우가 많습니다. 이는 외국 회사들이 트렌드를 주도하는 자동차를 내놓으면 그에 맞추어 급하게 새로운 디자인을 개발하기 때문일 것입니다.

최고의 자리를 지키기 위한 전략은 비단 자동차 분야에서만 볼 수 있는 것이 아닙니다. 세상에 존재하는 여러 명품 회사가 그 브랜드의 입지를 지켜나가고 있습니다. 명품의 가치는 대체할 수 있는 브랜드가 없기 때문에 생깁니다.

그런데 기업의 조직문화가 연공 서열 중심이고 경직된 소통 구조라면 개인의 고유성과 특별성을 발휘하기는 힘듭니다. 그런 구조는 개인의 생각과 특별성이 아니라 직급, 경험, 지시 등으로 조직을 움직이기 때문입니다.

한창 시대가 변화하는 지금, 기업과 공공기관은 유연한 구조로 자신만의 대체 불가한 특별한 경쟁력을 확보해야만 미래에 뒤처지지 않을 것입니다. NFT의 등장과 함께 사람들이 가치를 바라보는 관점이 달라지고 있습니다. 그와 함께 소비자가 상품의 가치를 바라보는 관점 또한 변화할 것입니다. 이제 기업과 공공기관이 인재 발굴을 위해서 과거와는 다른 관점으로 새로운 시도를 해야 하지 않을까요?

지역 활성화를 위한 대체 불가 경쟁력

●

영화 〈어벤저스: 에이지 오브 울트론The Avengers: Age of Ultron〉을

보신 적 있나요? 전 영화는 재미있게 보았지만 아쉬움이 있었습니다. 영화의 공간적 배경으로 우리나라가 상당 부분 등장하는데, 외국인들에게 '이곳이 한국이다'라는 인상을 심어줄 수 있는 요소가 별로 눈에 띄지 않았기 때문입니다.

여러 국내외 영화에는 에펠탑, 만리장성, 자유의 여신상 등 세계적인 랜드마크가 자주 등장합니다. 그곳들은 역사적 명소이자 세계적 관광지입니다. 이러한 점을 생각한다면, 지역과 문화가 가진 대체 불가한 경쟁력을 어디에서 찾아야 할지 알 수 있습니다.

종로 3가의 마지막 녹두전

블록체인 NFT에 대한 이야기를 하다가 왜 갑자기 뜬금없는 소리냐고 생각하실지 모르지만, 잠시 종로 3가의 녹두전 가게 이야기를 해보겠습니다. 평범하고 오래된 이 가게로 사람들이 몰리고 있는데, 그 이유는 현대적이고 정돈된 공간들이지만 비슷비슷하게 보이는 모습에 싫증이 났기 때문입니다. 새롭게 개발된 신도시 사진을 보면, 사진 속에 이정표라도 찍혀 있지 않은 한 그곳이 어느 도시인지 알 길이 없습니다. 똑같은 아파트에 똑같은 상가, 똑같은 프랜차이즈 매장이 즐비하기 때문입니다.

이처럼 모든 것이 획일화된 곳에서 사람들은 지루함을 느낍니다. 그리고 사라져가는 것에 대한 흥미를 가지고 옛것을 즐길 수 있는 곳을 찾습니다. 어느 할머니가 종로 3가에서 운영하는 녹두전 집도 바로 그런 곳이지요. 그런데 최근 이곳마저 재개발이 된다는 소식에 사람들의 방문이 급격히 늘어난 것입니다. 주인 할머니 손끝에서만 나올 수 있는, 기름기 없이 담백하고 바삭한 전은 원래 인기가 좋았지만, 얼마 후면 사라진다는 사실 때문에 사람들이 발길이 더욱 잦아진 것입니다.

우리 모두가 공감하는 추억의 공간들이 있을 겁니다. 어느 볼품없고 허름한 건물이 대한민국을 움직이는 지도자가 탄생한 곳일 수도 있고, 오래된 학교의 모래 운동장이 세계적인 마라톤 선수를 키워낸 곳일 수도 있으며, 이제 한산해진 버스킹 장소가 유명 가수의 첫 무대였을 수도 있습니다. 실제로 지금은 사라져버린 제주도의 어느 초가집은 대한민국을 대표하는 거장 화가가 꿈을 키운 곳이었습니다.

지역성과 역사성이 가진 가능성

단순히 도시 개발 관점에서 본다면 오래된 건물은 쓸모없고 불편한 존재일 수 있겠지요. 하지만 그곳에 담긴 역사와 의미가 알려지고 전달된다면, 그곳은 대체가 불가능한 새로운 가치를 만드는 공간이 될 수 있습니다.

제주도의 공정 여행을 테마로 한 어느 여행 프로그램에서 볼

품없는 음식을 내놓아 참가자들의 불만과 항의가 빗발친 적이 있습니다. 만족도 조사에서도 무척 낮은 점수를 받았지요. 그런데 알고 보니 가이드가 중요한 설명을 빠뜨렸던 것입니다. 그 음식은 바로 과거 제주도민이 먹었던 소박한 끼니를 체험하자는 취지로 제공되었던 것이었습니다. 다음 여행 참가자들에게 이런 점을 충분히 설명했더니, 똑같은 음식을 제공했는데도 거의 최고점의 만족도가 나왔습니다.

이 사례는 대상을 바라보는 관점의 힘을 보여줍니다. 이러한 가치를 살리려면 지역의 역사에 대한 지식과 이해가 필요합니다. 이것을 바탕으로 앞으로 어떠한 경쟁력을 만들지 연구해야 할 것입니다. 그 지역만이 가진 사건, 장소, 인물, 자연환경, 문화, 랜드마크 등은 그 무엇과도 비교할 수 없고, 교체할 수 없는 경쟁력이 될 수 있습니다. 우리 공공기관은 바로 이러한 사실에 주목해야 할 것입니다.

NFT 시장과 기존 미술계와의 공존 가능성

●

사실 저는 다소 특이한 계기로 작가의 길로 들어선 편입니다.

NFT 시대 훨씬 이전인 2009년부터 미디어를 이용해 작품을 만들어왔던 저의 스타일은 기존의 미술 시장과 새로운 NFT 시장에서 모두 적용이 가능하기에 양쪽에서 작품을 내놓을 수 있었습니다. 덕분에 양쪽의 에이전트와 전문가를 만나 서로에 대한 입장과 견해를 들을 수 있었지요. 제가 지금 NFT 블록체인 플랫폼 기업에 스카웃되어 공식 고문이 된 것 또한 같은 이유 때문입니다.

NFT에 대한 개념과 이슈를 처음 접한 순간에는 이제까지 없던 일에 약간 혼란스러웠습니다. 하지만 이것이 대단한 희소식임이 느껴졌습니다. 왜냐하면 그간 작업한 창작물과 관련 소스가 모두 디지털 형식이었기 때문입니다. 이것을 NFT화하여 발매한다면 기존에 활동하던 미술관이나 갤러리를 넘어서 새로운 시장으로 영역 확장을 할 수 있을 것이라고 생각했습니다.

이렇게 들뜬 마음으로 NFT 관련 전시를 살펴보고 블록체인 회사들과 관계를 맺기도 하였습니다. 하지만 한편으로 이것을 낯설게만 바라보는 미술계 사람들을 보면서 그들이 겪고 있는 혼란스러움과 적응 문제, 그것을 넘어선 개인과 기관의 발전 방안에 대해서도 생각해보게 되었습니다.

해외의 경우 데미안 허스트Damien Hirst나 무라카미 다카시와 같은 기성 현대 미술계 거장들은 새롭게 NFT 시대에 주목받는 아티스트들에 비해 '진입이 한발 늦었다'는 평가도 받습니다. 국내의 경우에는 메이저 화랑이나 국공립 미술관이 NFT에 대해서 적극적인 움직임을 보이지 않습니다. 이 와중에 그간 국내외 미술계에서 입지란 것이 없었던 대기업 뿐 아니라 신생 중소기업까지 NFT 플랫폼 사업에 발 빠르게 뛰어들며 새로운 미술 시장으로 진입하고 있습니다.

기존의 미술 시장에서 자리 잡기 힘든 NFT의 특성

NFT는 그 특성상 기존의 상업 미술 시장에 바로 자리 잡기가 어렵습니다. 결정적인 이유는 바로 NFT의 발행이 온라인 플랫폼에서만 이루어진다는 것입니다.

지금까지 상업 갤러리의 작품 판매 방식은 작가가 수작업으로 만든 실존하는 그림과 공예품을 직접 오프라인 전시 공간(매장)에 설치하는 것이었습니다. 그리고 판매가 일어났을 때는 작가와 갤러리가 5 대 5로 수입을 나누는 것이 통상적인 룰이며 관례였지요. 이런 경우 실제 세계에 존재하는 자신의 공간에서 작품의 결제가 이루어지기 때문에 갤러리는 우선적으로 판매 수익을 배분할 수 있는 권한을 갖습니다.

하지만 NFT는 작가가 온라인상의 플랫폼에 직접 작품을 발행하는 구조입니다. 수익 발생 시에도 역시 작가의 코인 지갑으로 돈이 곧바로 입금되기에 갤러리에서 작품의 수익을 배분할 수 없습니다. 실제로 NFT 붐과 함께 상업 갤러리 몇 곳에서 NFT 작품을 빔프로젝터나 모니터를 이용해 전시해보았지만, 그것은 컬렉터에게 작품을 보여줄 방법을 해결하는 데 그쳤습니다. 갤러리측에 가장 중요한 결제 권한에 대한 대책이나 답은 뚜렷이 나오지 못했지요.

또한 NFT 발매에 이미 능숙한 작가는 트위터 등의 SNS나 블로그 마케팅을 활용해 온라인에서 판매와 구매를 모두 진행할 수 있습니다. 그런데 자신의 NFT 예술품을 군이 상업 화랑에 전시하여 판매 대금 절반을 수수료로 지불할 이유가 없지요.

이러한 특징으로 지금 항간에서 이루어지고 있는 NFT 전시는 상업적인 목적보다 NFT 작가들이 연합하여 작품을 공개하고 홍보하기 위한 목적인 경우가 많습니다. 또 아트센터나 문화 공간에서 이벤트 형식으로 진행하는 경우도 많습니다.

독립 큐레이터, NFT 발매 대행 기업 등의 움직임

NFT 예술 시장의 부상과 함께 이에 대응하는 기존 미술계의 독립 큐레이터의 움직임이 보이며, 기존 미술계에 없던 NFT 발매 대행 기업의 움직임도 보입니다.

이들의 역할은 공통점이 있습니다. NFT 시대 이전부터 작품 활동을 하며 인지도를 쌓은 작가들의 작품을 고해상도로 사진을 찍거나, 컴퓨터 그래픽을 활용해 리메이크하거나, 새로운 디지털 버전으로 출시하여 NFT 발매를 대행해주고 그 수익을 나누고 있다는 점입니다. 많은 기성 작가가 작품을 NFT화하는 데 아직 익숙하지 않기 때문에 에이전트의 이러한 역할에 의존하는 모습도 많이 보입니다.

지금 새롭게 생겨나는 NFT 거래 플랫폼 중에는 화제성을 얻기 위해 기존의 미술 시장에서 인지도를 쌓은 작가와 함께 런칭하는 곳이 있습니다. 그 과정에서 이런 에이전트들과 관계를 맺고 다양한 협업 마케팅을 하기도 합니다. 저 또한 독립 큐레이터와 대행 기업을 통한 NFT 발매 제안을 받은 적이 있습니다. 또 제가 보유한 작품 중 일부 시리즈는 이들과 함께 발매해 관련 니즈에 대해서 파악해가며 판매 활동을 하고 있지요.

지금은 NFT 시대 초창기여서 NFT 플랫폼이든 기존의 작가든 시장에 익숙하지 않은 경우가 많습니다. 그래서 대행을 해주는 에이전트의 역할을 크게 느낄 수 있습니다.

하지만 시간이 지날수록 발매 플랫폼은 창작자들이 사용하기 쉽게 발전하고, 기존 작가들 또한 스스로 작품을 발매하는 일에 적응할 것입니다. 이때가 되면 작가와 NFT 거래 플랫폼의 에이전트에 대한 의존도가 떨어지겠지요. 하지만 상황을 조금 더 입체적으로 볼 필요가 있을 듯합니다.

기존 미술계의 갤러리, 독립 큐레이터의 입지는?

NFT 예술품이 기존 미술 시장과 달리 중간 에이전트를 거치지 않고 직거래되면 에이전트(갤러리, 독립 큐레이터)의 역할과 입지가 축소되는 듯이 보일 수도 있습니다.

일부분은 그럴 수 있으나 여기에는 어떤 특수성이 존재한다고 생각합니다. 갤러리에서 작품을 판매하는 일은 일반 상품(공산품)을 판매하는 일과 많은 차이가 있습니다.

예를 들어, N사 브랜드의 신발은 똑같은 상품일지라도 오프라인 매장에서 구매할 때보다 온라인 쇼핑몰에서 구매할 때 중간 단계 마진이 없어 좀 더 저렴하지요. 오프라인 시장에서는 직접 신발을 만져보고 신어볼 수 있는 이점이 있지만 대부분의 구매자들은 더 저렴한 온라인 쇼핑몰에서 구매하기를 원할 것입니다.

하지만 작품을 구매하는 것은 이러한 일과는 다릅니다. 차이를 가장 함축적인 단어로 정리하자면 '전문화된 컬렉션'이라는 표현이 어울리겠습니다. 앞에서 설명했듯이 똑같은 남산의 자물쇠라도 관점에 따라 일반적인 자물쇠가 되기도 하고 대체할 수 없는 사랑의 상징이 되기도 합니다. 인식의 차이에 따라 대상이 이렇게 다르게 느껴지는 것입니다.

에이전트가 하는 일이 바로 자물쇠를 사랑의 상징으로 볼 수 있는 관점을 열어주는 것입니다. 이들은 자신이 맡은 작가와 작품을 컬렉터에게 소개할 때 작품에 내포된 의미와 스토리, 전문적인 견해까지 함께 전달합니다. 그렇게 함으로써 그 작품의 진정한 가치를 이해할 수 있도록 도와주지요. 이 같은 행위가 별것 아닌 듯이 보일지도 모릅니다. 하지만 작가와 작품을 진정으로 이해하기 위해서 에이전트는 부단한 노력을 합니다.

에이전트는 작가와 지속적인 관계를 맺고 그의 작품을 전반적으로 이해해야 합니다. 또 미술사, 관련 전문가나 평론가의 견해와 글, 지금의 트렌드와 앞으로의 동향에 대해 파악하고 있어야 합니다. 그 때문에 끊임없는 연구와 학습을 하지요. 컬렉터와의 관계에도 부단히 신경을 씁니다. 컬렉터 개개인의 미술적 취향, 관심사, 실질적 구매·소장 욕구, 경제적 여건 등을 항상 살피며 파악합니다.

또한 에이전트만의 '전문화된 컬렉션'은 수요와 니즈가 들어맞는 곳을 연결해 작품이 시장에서 실질적으로 가치를 발휘하게 합니다. 예를 들자면, A 갤러리가 팝아트 작품에 전문화된 컬렉터 라인과 작가 리스트를 보유하고 있다면, 그것은 팝아트 작품의 가치를 높이며 시장을 확장하는 데 직접적인 요인으로 작용합니다.

에이전트의 역할 중 가장 결정적인 것은 작가의 작품을 한 단계 더 높은 시장으로 진출시키는 일입니다. 물론 개인의 역량에 따라 다소 차이가 있겠지만, 에이전트는 그동안 쌓아온 활동 노하우와 인맥을 통해서 작가의 작품을 더 큰 시장으로 연결합니다. 실질적으로 작가 혼자만의 힘으로 아트 바젤**Art Basel**, 프리즈**Frieze**, FIAC 같은 해외의 유명 아트페어나, 소더비, 크리스티 등 세계적인 경매시장에 진출하는 것은 쉽지 않습니다. 하지만 에이전트는 연결성과 작품의 유통에 항상 관심을 가지고 자기 작가의 작품이 어떤 시장에 적합하고 판매 가능성이 있다고 생각한다면 진입을 시도합니다. 이는 에이전트와 작가 모두의 인지도와 명성을 높이는 일입니다. 또한 세계시장에서 컬렉션이 형성되고 훨씬 높은 가격에 작품이 유통되게 하여, 서로에게 이익을 창출하는 실질적인 계기를 만듭니다.

이러한 에이전트의 다양한 역할을 통해 혼이 담긴 작가의 작품이 진정으로 그것을 원하는 컬렉터에게 연결되는 것입니다. 이런 점에서 에이전트의 역할은 상당한 의미를 갖는 일이라 할 수 있습니다. 작품의 의미와 성장 가능성을 이해하며 만족스러운 소장을 하는 것이 컬렉션의 진정한 매력이기 때문입니다.

대한민국 미술계, NFT 예술 시장의 동반 성장을 위해

에이전트의 다양한 장점이 존재한다고 하더라도, 직거래가 가능한 NFT 시장에서 그들이 함께 공존하기 위해서는 여러 논의가 필요합니다. 극소수를 제외한 대다수 국내 상업 갤러리, 독립 큐레이터, 기획자는 NFT라는 변화에 적응하지 못하고 있습니다. 한편, 기존 미술계에서 활동하지 않고 처음부터 NFT에 진입한 작가(디지털·미디어 아티스트)는 에이전트의 역할과 상생 구조에 대한 경험이 없기에 필요성조차 느끼지 못하지요.

상황이 이렇기에 모 NFT 플랫폼/블록체인 기업 관계자, 미술계에서 오랫동안 관계를 맺은 갤러리 관장/화랑협회 관계자, 독립 큐레이터와 만나 긴밀한 이야기를 나누면서, NFT 시장과 기존 미술계가 상생할 수 있는 구체적인 방안에 대해서 함께 고민해보았습니다. 앞으로 NFT 시장에 대한 논의에서 참고할 수 있는 견해가 되었으면 합니다.

인터뷰 내용

Q: 지금 불어오는 NFT 예술품 붐에 대해서 어떻게 생각하시나요?

- **갤러리 관장/화랑협회 관계자:** 극초반에는 모두가 낯설어하고 인정하지 않으려는 분위기도 있었습니다. 하지만 시간이 지남에 따라 계속 성장하는 시장 규모, 대기업의 플랫폼들이 국내 NFT 작가들을 조금씩 선점하는 모습을 보며

필요성을 느끼고 있습니다. 이러한 시점에 국내의 대표적인 아트페어인 키아프 또한 굉장히 성공적으로 치러졌습니다. 규모나 거래액 부분에서 큰 발전이 이루어지며 미술 시장의 호황기가 시작된 것입니다. 특히 주목할 점은 MZ세대의 작품 구매가 눈에 띄게 부쩍 늘었다는 것입니다. 이 세대는 NFT 미술품에도 관심이 높고 컬렉팅에도 적극적일 것으로 예상됩니다. 이러한 호재들이 있지만 국내 화랑계가 어디서부터 어떻게 NFT를 시작해야 할지 확고한 대책은 아직 미흡한 편입니다.

• **독립 큐레이터** : NFT 예술품 붐은 매우 흥미롭습니다. NFT 플랫폼을 론칭하는 여러 기업에서 기존의 인지도 있는 미술 작가를 섭외해달라는 요청을 많이 합니다. NFT로 지금 막 활동을 시작하는 신생 작가들의 작품과 함께, 미술계에서 이미 입지가 어느 정도 형성된 작가들의 작품을 NFT화하여 발매하는 일이 자신들의 플랫폼 이미지를 더욱 고급스럽게 하고 마케팅에 유리하다고 판단했기 때문이라 생각합니다. 그렇게 작가들을 에이전트하면서 NFT 플랫폼에 발매도 하고 기획전도 열어보았는데 반응이 꽤 좋았습니다.

• **모 NFT 플랫폼/블록체인 기업 관계자** : 세계적인 이슈인 NFT 예술품 수집 붐이 한국에서도 일어날 것이라 예상하며, 이와 관련해서 시장을 선점하고 싶습니다. 그러기 위해 국내에서 활동해오던 기존 미술 작가들과의 협업, 이벤트를 기획하며 가능한 것부터 시도하고 있습니다. 하지만 우리는 블록체인/기술 전문 기업이라 미술계와 관련된 지식과 경험은 부족합니다. 여러 가지 정보를 학습 중이며 전문가의 조언이 필요한 상황입니다.

Q: 앞으로는 NFT 시장에 어떻게 적응하고 이끌어나가려고 하시나요?

• **갤러리 관장/화랑협회 관계자 :** 우선 NFT와 관련된 기술, 이슈, 개념 등에 대한 화랑협회의 교육이 필요함을 느낍니다. 그것을 알려줄 전문가를 물색하고 있는데, 찾기가 쉽지 않습니다. NFT 작가들과 함께 성장할 수 있는 상생 지점을 마련해야 할 것 같습니다. 또한 갤러리는 그동안 컬렉터들에게 깊이와 내공이 느껴지는 작품들을 소개해왔는데, 지금의 NFT 작품들은 그에 비해 퀄리티가 낮고 가볍다고 느껴지는 점들도 많습니다. 이 시장이 처음 생겨났기에 아직 적응에 대한 문제와 함께 작품을 바라보는 견해의 문제도 있다고 생각하는데, 시간이 좀 더 지나면 차츰 성장하리라 예상합니다. NFT이건 실제 작품이건 그 퀄리티가 낮고 가벼우면 컬렉터에게 소개하기가 어렵습니다.

• **독립 큐레이터 :** 지금 당장은 그렇지 않지만 NFT 예술품 발매가 점점 더 익숙해지는 일이 되어가고 있기에, 플랫폼과 작가 모두 나와 같은 에이전트에 대한 의존도가 점차 떨어질 것이라 생각합니다. 실제로 처음에 작가 수가 모자라 저에게 도움을 요청했던 플랫폼이 인지도가 올라가면서 작가들과의 관계가 어느 정도 확립되자, 더 이상 도움을 요청하지 않습니다. 나이가 상대적으로 많은 기존의 작가님들은 적응이 힘든 경우 앞으로도 계속해서 도움을 요청하려는 분위기이긴 하지만, 이것만으로는 독립 큐레이터가 NFT 시장에서 완전히 정착하기는 힘들다고 생각합니다. 에이전트로서 더 근본적인 관점에 시장에서 공존할 방법을 고민 중에 있습니다.

• **모 NFT 플랫폼/블록체인기업 관계자 :** 우리는 상대적으로 한국에서 NFT 거래

플랫폼을 빠르게 론칭한 편이지만 지금 계속해서 새로운 NFT 플랫폼들이 생겨나고 있습니다. 대기업의 참여도 눈에 띕니다. 이러한 상황에서 천편일률적인 똑같은 기능의 플랫폼들은 경쟁력이 약화될 것이라 생각합니다. 그렇기에 보다 특화된 우리만의 개성 있는 NFT 컬렉션을 형성하는 것이 필수입니다. 우리는 NFT 컬렉션을 지금 대다수 경우처럼 이미지로 된 것에 치중하지 않을 계획입니다. NFT화할 수 있는 개인들의 특별한 산물은 이미지 외에도 다양합니다. 다양한 형태의 NFT를 특화하려고 합니다.

NFT 발매의 컬렉션화

지금 NFT 예술품 발매는 개인에 의해서 이루어지고 있습니다. 하지만 여기에 미술계의 상업 갤러리, 브랜드, 독립 큐레이터 등의 이름을 내걸고 진행하는 방식을 도입해야 합니다. 즉, 특화된 컬렉션화가 필요한 것입니다. 이를 위해서 가장 우선적으로 필요한 것은 NFT 플랫폼이 개인 발매 외에 컬렉션화해서 입점할 수 있는 기능을 도입해 활성화하는 일입니다. 또 수익이 발생할 때 컬렉션과 입점 작가에게 자동으로 분배될 수 있는 시스템을 갖추어야 합니다.

이렇게 되면 작가를 보유한 컬렉션(상업 갤러리, 독립 큐레이터에 의한)은 자신의 컬렉터에게 작품을 소개하는 동시에, 앞서 언급한 다양한 활동을 시도할 수 있습니다. 또한 자연스럽게 자신의 컬렉터 중 NFT 소장에 익숙하지 않은 사람의 구매·재판매 활동 과정을 대행해주려 노력할 것입니다. 이를 위해선 컬렉션과 작가 간의 협의를 통해 작품과 판권에 관한 권한을 입점 기간 동안 일부 또는 전부 독점·공유할 수 있도록 하는 규정을 만들어야 합니다.

작가는 똑같은 작품이라도 어떠한 컬렉션에서 발매하느냐에 따라 그 가치와 판매도가 달라질 수 있다는 점을 이해해야 합니다. 이는 각 갤러리와 독립 큐레이터마다 관리하는 컬렉터가 다르고, 작품을 상위시장으로 끌어올릴 수 있는 역량도 다르기 때문입니다. 능력이 없는 컬렉션에 입점하면 자신의 작품이 일정 기간 동안 빛을 보지 못할 수도 있다는 점 또한 염두에 둬야 합니다. 이는 마치 배우가 어떤 매니지먼트사로 가느냐에 따라 성장의 기회를 얻기도 하고 활동 둔화를 겪기도 하는 것과 같습니다.

제가 살펴본 바로는 아직까지 세계적으로 유명한 갤러리가 자기 이름을 걸고 NFT 컬렉션화를 한 사례는 없습니다. 우리나라 미술계에서 이러한 시도를 선점하여, 여러 갤러리와 독립 큐레이터가 자신의 이름을 걸고 브랜드화한 다양한 NFT 컬렉션이 생겨나 작가와 상생할 수 있었으면 하는 바람입니다.

4부

NFT가
일상이 된
세상으로

NON-
FUNGIBLE
TOKEN

12

NFT 시대 어떻게 달라질까?

지금 이 시간에도 전 세계에서 수많은 NFT 창작물이 발매되고 있습니다. 공공기관은 관련 제도를, 기업은 관련 서비스 연구에 한창이지요. 시간이 지남에 따라 NFT라는 단어도 점차 익숙해질 것입니다. 더 나아가 그 단어 자체와 기술에 대한 관심보다 기술을 통한 콘텐츠와 그 의미에 집중하게 될 것입니다.

이렇게 NFT에 점점 익숙해진다면 우리 삶에 어떠한 변화가 일어날까요? 이에 관한 이야기 전에 다시 한 번 블록체인과 NFT

가 가진 특성을 짚어보겠습니다. 근본적인 원리를 이해한다면 제가 언급한 내용을 뛰어넘어, 여러분 스스로 NFT로 변화할 미래에 대해 상상해볼 수 있을 것입니다.

1. 원본의 증빙

중앙의 통제 없이 모든 체인이 정보를 공유하기 때문에 임의 변경·은닉·소멸이 불가능해 원본 정보의 사실성이 명확해진다.

2. 정보 이력 발생

NFT화된 결과물이 누구를 통해 어떠한 방식으로 거래되었는지에 대한 정보가 블록체인상에 남아서 모든 이력이 사실로 존재하게 된다.

3. 상대적 사회성 발생

1, 2와 같이 모든 것이 공개되는 투명성 덕분에 상대적 사회성이 발생한다. 이는 한 개인이 다른 개인과 사적이고 비공개적인 일대일 대화를 할 때와 달리, 많은 사람이 함께 있는 곳에서 공개적인 대화를 할 때 다수에 의해서 균형이 발생하는 것과 같다.

이제 이 세 가지 특성에 대한 기본적인 이해, 현재 일어나는 사건과 흐름을 바탕으로 NFT가 불러올 변화에 대해 예측해보겠습니다.

비즈니스

●

메타버스가 만드는 다양한 비즈니스 모델

NFT로 발생한 산물은 유일한 원본이라는 증명이 가능하고 소유권 또한 인정받을 수 있기 때문에 자산으로서 가치가 있습니다. 이는 곧 투자의 대상이 될 수 있음을 의미합니다. 이런 이유로 디지털 예술품과 실물 작품에 대한 소유권의 분산 투자, 밈과 같은 개인의 창작물, 스포츠 카드, 게임 아이템, 가상 부동산 등과 그와 관련된 비즈니스 모델이 계속해서 생겨나고 있습니다.

이는 디지털 가상 세계인 메타버스meta-verse의 성장과 함께 더욱 증가할 것입니다. 메타버스는 현실 세계를 그대로 옮겨놓았

메타버스

메타버스는 '가상', '초월' 등을 뜻하는 영어 단어 '메타Meta'와 우주를 뜻하는 '유니버스Universe'의 합성어로, 현실 세계와 같은 사회 · 경제 · 문화 활동이 이루어지는 3차원의 가상 세계를 의미한다. 가상 현실Virtual Reality은 주로 안경 형태의 기기를 쓰고 가상의 세계에서 실제와 같은 체험을 할 수 있도록 한다. 메타버스는 이보다 한 단계 더 진화한 개념으로, 단지 게임이나 가상 현실을 즐기는 데 그치지 않고 실제 현실과 같은 다양한 활동을 할 수 있다는 특징이 있다.

기에 그 속에서 벌어지는 사회·경제·문화 활동이 실제와 많은 부분 유사합니다. 이 때문에 단순하게 NFT라는 표식 자체만을 바라볼 때보다 더욱 직접적으로 그 영향력을 체감할 수 있습니다.

　메타(페이스북), 구글, 더 샌드박스 같은 주요 IT 기업은 메타버스를 통해 커뮤니티 환경의 확장을 지향하고 있습니다. 시간이 흐르면서 점점 더 가상 세계의 삶이 우리 일상의 일부로 자리 잡을 것입니다. 그렇게 되면 자연스럽게 가상 세계 속 재화에 관심을 갖겠지요. 이 중에서도 더욱 가치 있고 돋보이는 것에 주목하는 것은 당연한 이치입니다.

도표 4-1 | 메타의 3차원 가상 세계 플랫폼 호라이즌Horizon 화면

출처: 호라이즌 홈페이지

현실 세계에서 좋은 장소, 이벤트, 예술품, 명품과 같은 고급 재화, 유명인과 찍은 사진 등을 SNS를 통해 사람들과 공유하려는 심리가 있듯, 메타버스 속에서도 이러한 심리는 마찬가지로 작용하겠지요.

그래서 메타버스 세상 속에서도 특히 가치를 가지는 가상 부동산, 유명 작가의 작품과 조형물, 명품 등에 대한 투자가 이루어질 것입니다. 또 방탄소년단과 같은 유명 연예인의 아바타 등 엔터테인먼트 관련 상품 또한 주목을 받고 그것을 소유하는 문화가 생겨날 것입니다. 실제 세계에서 유행이 바뀌듯 메타버스 속에서 일어나는 붐 또한 새로운 붐으로 대체되며, 콘텐츠 구매와 소비를 촉진하고, 자연스럽게 트렌드를 이끌어나갈 것이라 생각됩니다.

이와 같은 일이 활성화되기 위해선 지금 서비스되는 메타버스 환경의 수준 또한 높아져야 합니다. 실제로 네이버에서 서비스하는 제페토ZEPETO나 SK텔레콤의 이프랜드ifland를 비롯한 전 세계의 메타버스들은 대다수 유저가 십 대입니다. 이것은 가상 세계 환경에 대한 적응력 문제도 있지만, 더 높은 연령층에게 직접적으로 와닿는 계기나 흥미를 끄는 콘텐츠가 없기 때문이기도 합니다. 지금 사십 대 이상의 유저도 온라인 게임에 익숙하다는 사실로 볼 때, 이들이 가상 환경에 적응을 못했다기보다는 현재 메타버스 환경에선 공감하는 니즈를 찾지 못한 것으로 보입니다. 기업에서도 이에 대해 문제의식을 느끼기 때문에 시간이 지나면서 차차 해결될 듯합니다.

도표 4-2 | NFT 도입 연구 기업 및 관련 비즈니스 사례

분야	기업명	NFT 관련 비즈니스
스포츠	NBA	NBA 탑샷
	MLB	MLB 챔피온스
	포뮬러 1	F1 델타 타임
패션	나이키	특허기술 크립토킥스 CryptoKicks
	LVMH	명품의 진위를 증명하기 위한 블록체인 아우라 AURA 출시
	브라이틀링	NFT를 포함하는 이더리움 시스템으로 정품 인증
엔터테인먼트 & 영화	터너스포츠	블록릿 게임즈 Blocklete Games
	워너 뮤직 그룹	블록체인 기반 게임업체 대퍼 랩스 Dapper Labs에 투자
테크 & 인프라	AMD	로봇 캐시 Robotcache BGA와 파트너십
	마이크로소프트	애저 히어로즈 Azure Heroes
	IBM	NFT 지원 커스텀 블록체인
	HTC	엑소더스 1 Exodus 1
	삼성	NFT 지원 전자지갑
비디오 게임	유비소프트	래비드 토큰스 Rabbid Tokens
	캡콤	스트리트 파이터스 Street Fighters
	아타리	아타리 토큰 Atari Token

출처: Nonfungible.com, KOTRA 실리콘밸리 무역관 정리 내용 재구성

다만, 한 가지 주의해야 할 점이 있습니다. 가상 세계는 시간과 공간 같은 물리적 제약에서 상당히 자유롭기 때문에 자칫하면 과도하게 몰입할 수 있습니다. 이런 사실은 현실 세계보다 더욱 치열하게 투기나 과시 경쟁이 벌어지는 요인이 될 수 있지요. 또 고가 NFT 소유에 대한 상대적 위화감이 조성될 수도 있습니다. 지금도 이에 대한 우려로 사행성을 조장할 수 있는 게임 아이템, NFT, 실물 자산의 NFT 분할 거래 등이 우리나라에서는 법적으로 일부 제한되고 있는 상황입니다.

게임 속 NFT로 자산 수집

온라인 및 모바일 게임은 NFT를 가장 먼저 도입한 영역입니다. 크립토키티 희귀종 고양이의 고가 경매 낙찰이 자산으로서 NFT가 가진 가능성을 입증해주었지요. 엑시 인피니티Axie Infinity라는 게임에서도 캐릭터를 수집하고 육성하는데, 역시 교배로 나온 새로운 스킬의 캐릭터가 NFT화되어 가상 자산으로 거래되고 있습니다.

2019년 출시된 축구게임 프로젝트인 소라레Sorare는 본격적으로 게임상에서 NFT를 통한 수집품 거래를 가능하도록 했습니다. 소라레는 영국EPL, 스페인LaLiga, 프랑스Ligue 1, 대한민국K리그 등 각국의 실제 축구 구단을 통해 라이센스를 확보하고 NFT 선수

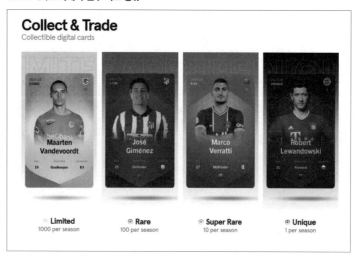

Collect & Trade
Collectible digital cards

Limited	Rare	Super Rare	Unique
1000 per season	100 per season	10 per season	1 per season

출처: 소라레 홈페이지

카드를 발행·배포하여, 유저들 간에 수집·거래·교환이 이루어지 도록 합니다. 이곳에서 현재 발행된 NFT 선수 카드 중 '크리스티 아누 호날두 유니크Cristiano Ronaldo Unique'는 약 29만 달러(약 3억 원) 에 판매되기도 하였습니다.

국내에서는 카카오게임즈의 개발 자회사인 프렌즈게임즈에 서 크립토드래곤Crypto Dragons을 출시했는데, 이 게임 역시 캐릭터 를 수집, 육성, 교배하고 그렇게 탄생한 새로운 종의 드래곤이나 기타 아이템을 NFT화하고 있지요. 이 밖에도 위메이드의 미르4 등이 게임 속 재화의 NFT화를 준비하고 있습니다.

도표 4-4 | 디센트럴랜드Decentraland: 게임 내 가상 토지의 소유권을 NFT화하여 암호화폐 마나MANA로 거래

출처 : 디센트럴랜드 홈페이지

도표 4-5 | 더샌드박스The Sandbox: 게임 내 가상 공간 및 아이템의 소유권을 NFT화하여 암호화폐 샌드SAND로 거래

출처 : 더샌드박스 홈페이지

도표 4-6 │ 업랜드UPLAND: 가상의 부동산 시장 게임 서비스로 실제 주소를 바탕으로 가상의 부동산 증서를 NFT화하여 암호화폐 UPX로 거래

출처 : 업랜드 홈페이지

이미 게임 아이템의 실물 재화 거래는 NFT 훨씬 이전부터 일어나고 있던 현상입니다. 하지만 NFT의 등장이 그 자산 가치를 더욱 명확하게 만들었습니다. 직접적인 거래 수단이 될 수 있는 암호화폐의 등장, NFT 거래를 할 수 있는 다양한 플랫폼, 지금 높아지는 가상 자산에 대한 관심 등이 모두 서로 영향을 주며 이러한 현상을 더욱 체계화하고 있지요. 물론 그 규모 또한 확장되고 있습니다.

이러한 추세와 조짐은 앞으로 계속될 것입니다. 향후 개발되는 게임도 NFT를 이용한 아이템, 캐릭터, 부동산 등의 거래가 일

반적이 될 것이라 생각합니다. 이런 게임 속 가상 자산은 암호화폐의 가치가 점점 더 실질적으로 드러나는 추세와 함께 게임 유저뿐 아니라 일반인에게도 수집 자산으로서 더욱 뜨거운 관심을 불러일으킬 것입니다.

암호화폐 시세 변화에 따른 NFT 거래량

지금 NFT 거래량이 활발해진 데는 암호화폐의 가치 상승이 큰 요인이라는 것은 부인할 수 없는 사실입니다. 암호화폐로 이익을 본 사람들이 생기면서 그 투자처로 NFT가 떠오른 것입니다.

그렇기에 암호화폐의 시세 변동은 자연스럽게 NFT 거래량과 이어집니다. 암호화폐의 시세가 올라가면 소비할 수 있는 여유 자산이 늘어나기 때문에 자연스럽게 투자 가능한 NFT가 주목을 끌게 되는 것입니다.

앞서 설명했듯이 NFT의 산물은 발매되고 거래되는 플랫폼에 따라 구매에 사용할 수 있는 코인이 달라집니다. 이러한 상관관계는 NFT를 소장하려는 투자자의 관점에 영향을 줍니다. 특정 NFT의 가치 상승과 하락은 그 NFT 매매에 쓰이는 코인과 그 코인을 재화로 쓰는 플랫폼의 가치 상승과 하락으로 연결되지요. 또한 특정 코인의 가치 상승과 하락 역시 관련 NFT와 플랫폼의 가치에 영향을 미칠 수 있습니다.

암호화폐의 시세 변동은 불규칙적일 때가 많습니다. 비트 코인의 경우 2021년 2월에 하루 동안에만 1천만 원 이상의 가격 급등과 급락을 반복했습니다. 이런 변동성 때문에 하루아침에 엄청난 이익을 얻는 사람이 있는 반면, 엄청난 손실을 보는 사람도 있다는 점에 주의해야 합니다. 그렇기에 자신이 관심을 두는 NFT, 그 거래에 사용되는 암호화폐, 발매 플랫폼 간의 상관관계를 잘 이해하고 상황 변화에 대처하는 자세 또한 필요합니다.

NFT 관련 상품 증가

앞으로는 일반 쇼핑몰을 비롯하여 카카오톡 선물하기 등에서는 기존에 실재하는 물건은 물론 NFT를 활용한 새로운 상품을 취급할 것입니다. 아티스트 또는 연예인과 콜라보레이션한 생일 카드 한정판 에디션, 전문 캘리그래퍼가 쓴 메시지, 그 외 짧은 동영상 상품 등의 등장을 예측할 수 있습니다. 이러한 것들의 구매는 생일이나 기념일, 명절 등 특별한 순간에 더욱 활발해지겠지요.

문화

●

NFT 시대의 새로운 스타 탄생

예술, 게임, 메타버스, 엔터테인먼트 등을 활용한 다양한 가상 세계에서 주목받는 NFT가 등장하고, 그에 따라 새로운 스타와 셀럽도 탄생할 것입니다. 밈 하나로 전 세계에 얼굴을 알리고 광고에까지 섭외된 미국 소녀 클로이와 NFT 고래 그림으로 유명해진 영국 소년 벤야민 아메드 그리고 도지코인의 시바견 카보스 등이 이미 선례를 보인 셈입니다.

앞으로 NFT 발매로 어떠한 인물이 새로이 주목받게 될까요? 흥미롭게도, 실존하는 인물이 아닐 수도 있습니다. 가상 인간 또한 주인공이 될 수 있지요. 이러한 현상은 이미 실제로 일어나고 있습니다.

국내의 콘텐츠 개발 기업 싸이더스 스튜디오 엑스에서 개발한 가상 인플루언서 로지Rozy는 광고 모델로 활동하는데, 2021년 한 해 동안 10억 원 이상의 수익을 올렸습니다.

미국에서 활동 중인 가상 인플루언서 릴 미켈라Lil Miquela는 지난해 가수, 유튜버, 모델 활동으로 1,170만 달러(약 139억 원)에 달하는 수익을 벌어들였습니다. 이밖에도 일본의 이마Imma, 중국의 화즈빙(华智冰), 태국의 아일린Ailynn 같은 가상 인간들도 모델 활동을 하며 수익을 내고 있습니다.

이들 또한 NFT와 마찬가지로 가상 세계에 존재하고 있기에, 앞으로 이들이 어떤 NFT 작품을 만들어낼지 기대됩니다.

이러한 가상 인간의 연예 활동은 모두 예전에 스타가 대중 앞에 서기 위해 활동했던 방송이나 영화의 구조, 관습 등에서 벗어난 새로운 변화입니다. 그렇기에 일각에서는 기존에 연예인으로 형성되었던 시장이 축소되는 것 아니냐는 우려의 목소리를 내기도 합니다. 인도의 광고표준위원회ASCI는 가상 인간이 나오는 광고에는 그 사실을 안내하도록, 2021년 7월 세계 최초로 가상 인간을 활용한 마케팅에 대한 제도를 마련하기도 했습니다.

이러한 와중에 저는 궁금한 것이 생겼습니다. 이 추세라면 사이버 공간에서 그림을 그리는 가상 아티스트 또한 생겨나지 않을까 하는 의문이 든 것입니다. 그들이 표현하는 그림은 과연 어떠한 모습일지 너무나 궁금합니다. 그 작품이 NFT를 통해 얼마만큼의 가치를 가지게 될지, 또 그와 함께 저와 같은 아티스트의 입지는 어떻게 바뀌게 될지 아직은 알 수 없습니다.

아직까지는 NFT 플랫폼이 메타나 인스타그램처럼 전 세계적으로 많은 사람이 이용할 만큼 편리하고 밀접성 있지는 않다고 봅니다. 하지만 NFT, 암호화폐, 메타버스 시장의 확대와 더불어 우리 모두가 쉽게 사용할 날이 점점 더 가까워지고 있다고 생각합니다.

머지 않은 미래에 NFT가 모두의 일상이 되고, 그를 통해 탄생하는 여러 스타와 셀럽의 활동 또한 더욱 활발해질 것입니다.

저작권과 소유자의 증빙이 명확해진다

블록체인에서 NFT는 투명성이 보장되는 특성 덕분에 원작자와 소유자의 증빙이 더욱 명확해지지요. 이 점을 잘 활용한다면 진위 여부 판별이 필요한 모든 것에 NFT를 활용할 수 있습니다. 창작물의 저작권 등록은 물론이고, 개인을 위해 발매된 티켓, 선물, 헌혈증, 기부 증서 같은 경우에도 이력이 남아 임의로 도용되는 일을 막을 수 있기 때문입니다.

2021년 부산국제영화제는 국내에서는 최초로 티켓 NFT화를 도입했습니다. 발매하는 순간 각 티켓마다 별도의 인식값을 부여해서 그 출처를 추적할 수 있게 한 것이지요. 이렇게 하면 허위와 위조 가능성을 차단해 암표 매매를 막을 수 있습니다.

같은 원리로 브랜드의 가품이 도는 일 또한 방지할 수 있습니다. 실제로 명품 브랜드 루이비통은 프라다, 주얼리 까르띠에와 함께 진품 인증 문제를 해결하기 위해 블록체인 기술을 활용한

컨소시엄 '아우라'를 출범했습니다. 명품의 제작 과정, 원산지, 입고일, 배송 등의 정보를 투명하게 확인할 수 있도록 하겠다는 취지이지요. 향후 출시하는 모든 제품마다 블록체인 기술을 활용해 디지털 정품 인증서를 발급하고, 무선주파수 식별칩을 넣겠다는 계획입니다. 이 같은 시도로 명품의 진위 여부에 대한 의심과 불신을 불식하고 가품시장 축소를 불러올 수 있으리라 기대됩니다.

미디어 콘텐츠의 효율적인 판권 관리

블록체인상에서 그 이력이 투명한 상태로 보존되는 NFT의 특징을 영화나 드라마 같은 미디어 콘텐츠의 유통에도 활용할 수 있을 것입니다. 일단 시장에 이런 식의 관리 방법이 보급된다면 매우 효율적이고 투명한 판권 사업이 가능해지겠지요.

사실 영화나 드라마를 만들어 해외에 유통하는 것은 관리가 힘든 일입니다. 정품 파일이 어디를 거쳐 어떻게 거래되고 있는지 파악하고 통제하는 데 한계가 있습니다. 이를테면, 드라마 〈대장금〉과 같은 인기 콘텐츠가 지구상 어딘가에서 불법 복제되어 상영된다 해도 그 출처에 대한 단서를 찾기가 힘들지요. 하지만 블록체인상에서 NFT가 생성되고 거래되는 것과 같은 식으로 관리하는 방법이 있습니다. 그러면 콘텐츠의 발생 이력은 물론 유통 이력도 남기 때문에 저작권 침해를 근본적으로 방지하는데 도움이 될 것입니다. 만약 어디선가 불법 복제가 행해져도 관련 단서를 찾는 일이 좀 더 쉬워질 것입니다.

사회

•

공공기관 서비스의 투명성 확보

우리나라의 어느 정치가가 정치 후원금 영수증을 NFT로 발행하겠다고 발표한 적이 있습니다. 또 블록체인 기술로 정책을 평가받겠다고도 했습니다. 이러한 발언에 담긴 근본적인 메시지는 '투명성'이겠지요. 즉, 정책과 관련하여 거짓과 기만을 없애고 그 과정을 모두에게 공개하겠다는 의미일 것입니다.

이러한 맥락에서 NFT를 공공기관의 활동에 적용한다면, 공공 서비스의 질을 한층 높일 수 있을 것입니다. 용역 선정, 지원 사업, 콘테스트 등을 진행하는 과정에서 심사자 이력과 심사 과정이 공개되고 영원히 기록되면, 부당한 절차나 이권 개입 등을 원천적으로 차단하는 투명성을 확보할 수 있습니다.

관련 교육 사업, 서비스, 커뮤니티의 증가

개인 창작물의 NFT 발매가 가능해졌으니, 앞으로 이와 관련된 교육 기관, 학원, 전문가 인력 등이 증가하고 이와 함께 커뮤니티 또한 활성화될 것입니다. 이는 유튜브가 활성화되면서 뒤이어 미디어툴 교육 과정, 마케팅·바이럴 업체가 성장한 것과 같은 이치입니다. NFT 아티스트 양성 과정, NFT 발행을 위한 디지털 미디어툴 교육 과정, 스터디 모임 등이 생겨나지 않을까 예상해봅니다.

또한 인터넷 어디에서나 자신의 창작물을 NFT화할 수 있는 기능이 추가되리라고 생각합니다. 그러면 그동안 자신이 창작한 그림이나 사진, 짧은 동영상 등을 업로드한 인터넷 카페나 블로그뿐 아니라 메타, 인스타그램 같은 SNS에서도 간단하게 NFT로 만들 수 있을 것입니다. 그때가 되면 누구나 창작자가 되고 누구나 구매자가 되는 환경이 실질적인 자본의 유통으로 뒷받침되겠지요. 그래서 경쟁이 더욱 활발해지고 더욱 다양한 가치를 지닌 양질의 창작물이 많이 등장할 것입니다.

13

NFT 시대를 맞으며
어떤 준비를 해야 할까?

일어날 수 있는 문제들

●

지금까지 NFT라는 기술의 발전이 가져다줄 혜택과 그에 따른 미래에 관한 예측을 해보았습니다. 하지만 어떠한 발전이든 문제점 또한 함께 등장하기 마련입니다. 따라서 이러한 점 또한 미리 고민하여 더욱 슬기롭게 대처할 수 있어야 할 것입니다.

시대에 적응하는 자와 그렇지 못한 자

아직까지는 초창기라 그런지 모르겠지만 블록체인, 메타버스, NFT 환경에 전혀 적응하지 못한 분들이 꽤 많습니다. 제가 활동하는 미술계만 살펴보아도 이러한 변화에 대해 혼란을 느끼며 접근할 엄두를 내지 못하는 분들이 있습니다. 이는 미술계 뿐만 아니라 모든 분야에서 공통적으로 일어나는 현상일 것입니다.

실제로 강의를 다녀보아도 어느 정도 개념을 알고 있는 분들과 완전히 모르는 분들의 편차가 심하게 느껴집니다. 시간이 지나면 적응하는 분이 점점 많아질 것이라고 예상되지만, 한편으로는 수용하는 자와 그렇게 하지 못하는 자의 완벽한 양분화가 일어나지 않을까 하는 생각이 들 때도 있습니다.

따라서 누구든지 가상 세계와 관련한 배움을 얻고 교육을 받을 수 있도록 공공기관이 나서야 할 것입니다. 이를 위해서는 미래 NFT 시대 사회를 대비해 관련 법규나 규정을 정립하는 일이 우선적으로 필요합니다.

가치 왜곡 문제

NFT의 등장으로 보이지 않는 관점이나 의미, 상징성 등에 가치를 매기게 되었고, 그것이 자산으로 거래되는 상황이 됐습니다.

이로써 그동안 미처 깊이 생각하지 못했던, 대상이 가진 진정한 의미와 가치를 들여다볼 계기가 됐지요. 하지만 한편으로는 이에 따른 부작용도 생길 것입니다.

이 세상에서 의미를 담고 있는 것 중에는 돈으로 가치를 환산하여 순위를 매길 수 없는 것도 존재합니다. 또한 어떠한 대상에 대한 관점과 가치는 굉장히 주관적입니다.

하지만 이러한 모든 것에 가격이 매겨진다면, 우리는 그것들이 가진 진정한 가치의 본질을 발견하고 이해하기도 전에 왜곡된 시선을 가질 수 있습니다. 나한테는 소중한 의미의 사진이나 글이 다른 이들에게 보잘것없는 금액으로 평가된다면, 가치가 아닌 숫자 중심으로 비교부터 할 것입니다.

이는 비단 NFT 시대의 문제가 아닌 자본주의 사회가 만들어 낸 근본적인 문제이기도 합니다. 하지만 이제껏 보이고 실존했던 것에서 일어났던 일들이 보이지 않는 것에까지 적용되는 시대가 되면, 새로운 문제가 야기될 수 있습니다. 물질의 차이에 따른 빈부격차로 가난한 자가 소외당하듯이, 정신의 차이에 의하여 내 생각 역시 소외될 수 있습니다.

사이버 팬데믹의 발생

지금 우리는 팬데믹 시대를 살아가고 있습니다. 이렇게 장기간 동안 마스크를 끼며 생활하고, 여러 가지 경제 활동에 제한을 받는 날이 올 것이라고는 예상하지 못했을 것입니다.

코로나 바이러스는 실제 세계에서 일어나는 현상이지만, 가상 세계 안에서도 일어날 수 있습니다. 메타버스가 활성화되고 NFT의 자산 가치화가 더욱 일반화되어 모든 사람의 이익이 연결된 상황에서, 예상치 못한 방법으로 블록체인 생태계에 바이러스가 찾아올 수 있는 것이지요. 그것은 분명 심각한 문제를 불러올 것입니다. 사실 지금도 통신이나 인터넷 환경에 조금만 이상이 생겨도 그에 따른 경제적 손실이나 여러 사고로 큰 불편함을 느낍니다.

1999년에는 밀레니엄 버그에 대비한 경험이 있습니다. 혹시 지금 블록체인 환경에 우리가 생각 못한 취약점은 없는지 살펴보고 대비해야 할 것입니다.

밀레니엄버그 Millennium Bug
컴퓨터가 1999년 이후의 연도를 제대로 인식하지 못하는 결함을 말한다. 예전에 컴퓨터는 연도를 끝의 두 자리로 인식했고, 이에 따라 2000년을 1900년과 혼동할 수 있었다. 이렇게 되면 전산으로 처리하는 금융권의 이자 계산, 공기관의 세금 계산 등 모든 연산 결과에 오류가 생길 수 있다. 또한 계약일 등 날짜와 관련된 정보에서도 막대한 혼란이 발생하게 된다.

51퍼센트 공격과 이중지불 문제

블록체인상에서도 몇 가지 사고가 일어날 수 있으며, 실제로 그런 일이 일어나 보완을 한 적도 있습니다. 바로 '51퍼센트 공격에 대한 문제'와 '이중지불 문제'입니다.

1부에서 NFT가 생성되는 원리를 그룹 채팅창에 비유해서 설명했습니다. 100명이 존재하는 그룹 채팅창에서 표명된 사실을 거짓으로 만들기 위해서 과반수를 넘어선 51명(자기 자신 포함)의 채팅 참가자를 설득하는 데 성공한다면, 과반수가 안 되는 49명은 거짓을 사실로 인정할 수밖에 없는 상황에 처합니다. 바로 이와 같은 일이 51퍼센트 공격 문제입니다. 이러한 일이 실제로 블록체인 환경에서 일어난다면 그 속에 속한 정보를 조작할 수 있어 많은 피해가 일어날 수 있습니다.

실제로 규모가 작은 몇몇 알트코인 체인 환경에서 이런 일이 일어난 적이 있으며, 그들은 문제를 수습하기 위해 곤욕을 치러야 했습니다.

다음으로 이중지불 문제는 블록체인상에서 정보를 생성할 때 오류나 해커의 51퍼센트 공격으로 인해 똑같은 시간에 똑같은 정보의 표식이 생성되는 것을 말합니다. 이렇게 되면 어느 것이 진짜 정보인지 구분할 수 없게 됩니다. 예를 들어 누군가 해킹을 하여 내가 NFT 작품을 구입하려는 순간, 시간의 편차가 없는 완전히 똑같은 시점에 맞춰 내가 선택한 NFT와 똑같은 작품을 구입한다면 각각 구입이 가능해져 어느 것이 진짜 원본인지 모르게 됩니다. 오프라인에서는 작품이 하나이기 때문에 절대로 일어날 수 없는 일이겠지만 온라인 환경에서는 시간의 차이가 전혀 없다면 시스템이 인지하지 못해 작품이 동시에 두 곳에서 구매한 것처럼 복제되어 정보가 새겨질 수 있습니다. 따라서 디지털 원본에 대한 증빙도 모호해지며 분쟁과 혼란이 일어날 수 있습니다.

이 두 가지 문제 모두 아직까지는 블록체인 환경에 영향을 줄 만큼 큰 문제가 되진 않고 있습니다. 하지만 암호화폐를 비롯한 수많은 NFT는 자산으로서 가치를 가지고 있어서 언제든 해커의 표적이 될 수도 있습니다. 그러므로 이러한 문제가 발생할 가능성이 있다는 점을 염두에 두는 것이 좋습니다.

블록체인 네트워크의 과부하

지금 이 순간에도 계속해서 NFT 발매량은 폭발적으로 늘어나는 추세입니다. 이렇게 되면 새롭게 공유되는 정보가 블록체인망 전체에 공유되기 위해서 트래픽 또한 계속해서 높아집니다. 즉 앞에서 비유한 그룹채팅방에 참여자의 숫자가 너무 많이 늘어나서 해당 채팅방에 과부화가 걸려 채팅 속도가 느려지는 것을 의미합니다. 정보공유에 사용되는 전력의 사용량을 늘어나면서 가스비는 올라가고 속도는 점점 더 느려지게 됩니다. 실제로 이더리움 체인 환경이 처음 등장했을 때보다 훨씬 더 광범위한 정보가 공유된 지금은 가스비 상승과 트래픽 문제가 점점 심각해지고 있습니다. 앞으로 점점 더 많은 정보들이 블록체인상에서 공유될 것이기 때문에 이러한 문제를 해결할 방법들에 대해 지속적인 연구가 필요할 것입니다.

탄소배출에 대한 문제

〈뉴욕타임스The New York Times〉의 보고서에 따르면 "NFT를 생성할 때마다 평균적으로 200킬로그램이 넘는 온실가스가 배출되며, 이는 일반적인 미국 가솔린 차량이 500마일을 주행했을 때의 이산화탄소 발생량과 같다"라고 합니다. 이러한 문제는 NFT가 등장할 초기에는 크게 대두되지 않았으나 최근 NFT의 붐과 함께 문제의 심각성이 드러나기 시작했습니다. 이 때문에 디지털 예술가를 위한 온라인 시장 아트스테이션ArtStation은 NFT 플랫폼에 대한 출시 계획을 취소하였습니다. 더 샌드박스에서도 새로운 신기술인 〈NFT 레이어2 솔루션〉을 이용해 기존 이더리움 운영보다 100배 정도 적은 에너지로 운영하도록 했습니다. 또한 사회적 기업 위포레스트_{WeForest}와 파트너십을 맺어 나무 심기, 산림 보호 활동 등 최대한 환경에 피해가 가지 않도록 적극적인 모습을 보이고 있습니다.

이제 NFT 기술의 발전 가능성만 볼 것이 아니라 환경에 대한 피해를 줄이고 친환경적으로 나아갈 방향을 고민해야 할 것입니다.

NFT 시대에 맞는 법과 사회적 인식

●

서로 다른 세대 간의 이해

NFT 시대에 접어들면서 생기는 문제는 세대 간의 받아들이는 정보 양의 차이입니다. 적응한 젊은 세대와 적응하지 못한 기성세대 사이의 괴리가 생기고 있으며 그 차이는 더 벌어지고 있습니다. 이러한 차이를 좁히기 위해서 세대를 넘어 서로의 관점을 이해하려는 노력이 항상 따라야 할 것입니다.

먼 옛날에는 상투를 자르는 것이 매우 충격적인 일이었다는 사실을 지금 우리가 잘 공감하지 못하듯, 어느 시대나 관점은 다 다르고 그에 따른 변화는 늘 존재했습니다. 과학과 문명이 더욱 발전한 지금은 그 변화의 속도가 더욱 빨라지고 있지요.

이와 같은 점을 생각할 때, 어느 한쪽이 잘못되었다는 시선은 거두는 것이 좋겠습니다. 기성세대는 젊은 세대의 문화와 소비 성향을 이해해야 할 것이고, 젊은 세대는 보수적인 기성세대가 지닌 가치를 이해해야 할 것입니다. 어느 시대나 세상에 존재하는 것에는 반드시 이유가 있고, 의미없는 것은 없을 테니까요.

새로운 법과 제도의 마련

앞으로는 NFT에 대해 얼마만큼 아는지 모르는지와 상관없이 NFT를 기반으로 한 가상세계의 여러 재화와 서비스를 거래하거나 경험할 것입니다. 웹 기술은 몰라도 그와 관계된 웹 환경 쇼핑몰, 채팅, 검색기능을 항상 이용하는 것과 마찬가지입니다.

이러한 상황에서 NFT 관련 법과 제도가 갖춰져야 하지만 전 세계적으로 빠르게 발달하는 기술의 속도를 관련 당국이 따라가지 못하고 있습니다. 근본적인 이유는 탈중앙화 방식을 상위 단계에서 통제할 수 없기 때문입니다.

이런 상태에서 이전 시대의 가치관과 법으로 제재한다면 합법과 불법을 논하기 힘든 사각지대에서 편법이 행해질 수 있습니다. 예를 들어 외부 거래, 제3국에서의 거래 등이 이에 해당하겠지요. 게다가 NFT, 가상화폐와 관련된 미래 산업의 잠재력을 저하시켜 세계적인 성장 흐름을 따라가지 못할 수도 있습니다.

가상화폐의 경우 국세청에서 국내 거래소의 거래 내용 자료를 신고받아 그것을 기반으로 세금을 과징하는 방법을 추진하려고 합니다. 하지만 해외 거래소의 경우 신고받을 수 없기 때문에 거래자가 자진 신고하는 방법으로 세금을 추징하려고 합니다. 하지만 국내보다 해외에 훨씬 많은 거래소가 있고, 그곳에서 가상화폐를 거래하여 현금으로 트랜스하는 것은 국내의 금융기관을 거치지 않고도 가능합니다. 또한 가상화폐의 수익을 올리는 방법 또한 코인 거래소에 국한된 것이 아니라, NFT, 메타버스 등 다양하기 때문에 상황은 더욱 복잡해질 것입니다.

또한 세금을 징수하려면 소비를 했을 때 환급도 가능해야 합니다. 과연 메타버스 속에서 가상화폐로 구입한 여러 서비스, 자원, NFT에 대해 어떠한 식으로 환급할 수 있을지도 의문이 듭니다. 이러한 혼란 때문인지 정부에서 당장 2022년부터 시행하려던 가상 자산 과세도 2023년으로 유예되었습니다. 하지만 그렇게 1년이 흐른 뒤에 그동안 더 빠르게 발전했을 가상 화폐 거래 환경과, NFT, 메타버스 등에 맞는 법이 마련될 수 있을지는 알 수 없습니다.

지금까지 세법은 물리적 공간을 기반으로 하여 국경이 존재하는 국가에서 적용되었기에 부동산이든 물건이든, 어떠한 서비스

이든 정부 통제권의 범주에 들어가는 상황이었습니다. 하지만 가상화폐와 NFT, 메타버스는 물리적 공간이 존재하지 않습니다. 또현재 국가의 숫자보다 더욱 많은 플랫폼들이 있는 데다 앞으로도늘어날 것이며, 전 세계의 모든 사람이 접속하여 공존할 것입니다. 그 속에서 발생하는 가치는 실존하여 수치화된 것이 아닌 인간의 인식에 의해 만들어진 것이며, 그 발전, 진화, 변화의 속도가매우 빠르기 때문에 굉장히 다양한 특수성을 띨 것입니다.

이러한 점을 받아들이고 조화를 이루기 위해선 관점을 바꾼새로운 제도적 접근과 시도가 필요합니다. 이런 새로운 시각은이 시대를 함께 살아가는 우리의 여러 보편적 기준과 의식에도반영되어야 할 것입니다.

또한 정부는 가상 세계에서 발생하는 이익금에 세금을 부과하는 법안만을 마련할 것이 아니라 개인의 가상 자산에 대한 보호정책도 함께 마련해야 할 것입니다. 일반 은행에 예금자 보호법이 적용되고, 부동산 거래에 세입자 보호를 위한 법안이 적용되듯 가상화폐, 메타버스, NFT와 관련된 금융 활동을 하는 사람의권리를 보호하기 위한 법도 조속히 시행되어야 할 것입니다.

메타버스, 가상화폐, NFT 등의 성장과 변화는 피할 수 없는 흐름입니다. 따라서 이를 적극적으로 받아들이고 활용과 관리, 보호법에 대한 기준을 빠르게 만들 수 있길 바랍니다.

각 분야에서의 NFT

NFT가 화제가 되자 여러 신문과 저널, 유튜브와 같은 온라인 채널 등 다양한 매체에서 이에 대해 조명하고 있습니다. 하지만 대부분이 NFT의 기술적 개념과 관련 사건 등에 대한 사실적인 정보를 전달하는 수준입니다.

일론 머스크**Elon Musk**의 연인 그라임스**Grimes**나 비플의 작품이 고가로 거래되며 크게 떠들썩했기에 마치 컬렉팅 시장이 NFT의 전부인 것처럼 보일 수 있습니다.

하지만 블록체인상의 투명성, 정보의 보존 등으로 다른 기능적인 역할을 할 수 있는 다양한 NFT의 장점 또한 분명히 존재합니다. 이러한 기능으로 세계 여러 나라에서는 금융, 기술, 자산, 법규, 의료, 제도 쪽에서 활용할 수 있는 부분을 선택해 적용하는 사례가 생겨나고 있습니다. 이러한 현상을 자세히 살펴본다면 앞으로의 가능성은 무궁무진하다는 것을 알 수 있지요.

홍콩은 아파트나 호텔 소유권 관리에 NFT를 활용하고 있으며, 일본은 빈집과 부동산, 중고차 등의 이력 관리에 활용하고 있습니다. 또 골드만삭스는 금융 분야에서 이용하고 있지요.

저는 미디어 아티스트로서 예술 분야에 속한 사람입니다. 그래서 제가 속한 분야의 관점에서 NFT로 새로 생겨나는 개념에 대해 설명하고 이해를 높이고 싶어 이렇게 책을 쓰게 되었습니다. 하지만 NFT 활용은 예술뿐만이 아니라 다른 여러 분야에서도 가능할 것입니다.

어떤 산을 볼 때 저 같은 작가는 작품의 소재로서 그 산이 지닌 아름다움을 봅니다. 하지만 의학 전문가는 그 산속에 있는 약초를 볼 것이고, 산악가는 등산 코스를 볼 것입니다. 또 법률 전문가는 산림 관련 법규를, 개발 전문가는 관광 시설 개발의 가능성을, 자산 전문가는 이러한 가치가 만들어내는 금융 상품을 떠올릴 것입니다.

그래서 다양한 전문가에게 NFT의 근본적인 개념이 전달되는 계기가 필요합니다. 그런 계기가 있어야 각 분야가 서로 협업하여 미래를 만들어갈 이 기술을 어떻게 수용하고 활용할지 알아낼 수 있을 것입니다. 나아가 이 기술을 이용해 우리나라가 세계의 중심에 설 수 있는 방법의 연구도 진행되어야 합니다.

마지막으로 NFT가 일상화된 세상에 대해 이야기해보았습니다. 이러한 예측이 각 분야 사람들이 NFT를 이해하고, 전문적인 관점으로 해석과 가능성을 제시해주는 작은 계기가 되었으면 좋겠습니다.

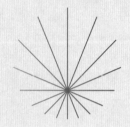

NFT 시대를 대처하는 자세

누구나 창작자가 될 수 있고 누구나 컬렉터가 될 수 있는 기회가 눈앞에 펼쳐졌습니다. NFT의 가능성은 물리적 제한이 없는 무궁한 가상 세계 속에서 끝없이 생겨나고 있습니다.

이 변화의 시작점에서 제일 먼저 주목받는 것은 다양한 NFT가 고가에 거래되는 모습입니다. 이렇게 경제적 파급력처럼 표면적으로 드러나는 것이 세간의 이목을 끌기 마련입니다. 하지만 저는 NFT가 우리의 삶을 바꾸어놓을 보다 근원적인 원인은 다른 곳에 있다고 생각합니다.

바로 NFT가 세상을 바라보는 인간의 관점을 바꾸고 있다는 점입니다. 관점이 바뀌었다는 것은 결국 기준이나 가치관 등 생각이 달라짐을 뜻합니다. 이것은 근본이 변화되어야만 가능한 일이지요. 지금까지는 눈에 보이며 실제로 존재하는 것이 가치를 가졌고, 우리는 여기에 중점을 두었습니다.

하지만 NFT의 등장은 실존하는 가치 외에 의미와 상징, 생각과 정서와 같은 추상적인 개념에 가치가 생길 수 있음을 보여주는 큰 계기가 되었습니다. 물론 NFT가 등장하기 이전에도 추상이나 관념 등 실체 없는 것이 갖는 의미에 대해 알고 있었지만, 이것은 소유하고 거래하는 대상이 아니었고 값이 매겨지지도 않았습니다. 즉, 나와 직접적으로 연관이 없었던 것입니다.

하지만 NFT를 이해한 지금 새로운 관점으로 세상을 바라보니 모든 것이 달라 보입니다. 잭 도시의 첫 번째 트윗, 이세돌이 알파고에 승리했던 대국 기록, 〈훈민정음 해례본〉 등은 사실 NFT 시대가 오기 이전부터 세상에 이미 존재하고 있었습니다. 하지만 사람들이 그 의미에 집중하기 시작하자 NFT화되고 상품으로서 가치가 생겼습니다.

앞으로 보이지 않는 가치를 가진 NFT는 점점 많이 등장할 것이며, 그것을 이해하고 공감하는 사람 또한 늘어날 것입니다.

이러한 가치가 세상 사람 모두가 이해하는 당연한 것이 되는 상황이 온다면, 우리 주변의 모습은 어떻게 달라질까요?

실존하는 물리적 존재에 중점을 둔 재화나 서비스가 소비자에게 실존하지 않지만 가치 있는 것을 전달하려 할 것입니다. 구매의 기준이 '질 대비 가격'이 아니라 '내 기준에 맞는 가치'가 될 것입니다. 개인과 개인과의 관계도, 기업과 공공기관의 서비스도 이러한 가치를 알아보는 세상에 맞게 바뀌겠지요.

"보이는 것이 전부가 아니다." 이 말처럼 정말로 보이는 것이 전부가 아닌 세상이 펼쳐졌습니다. 인터넷이 처음 등장한 시점을 기준으로 지금의 상황을 바라본다면, 그때는 누구도 상상도 못 했을 서비스가 많이 생겼습니다. 각종 SNS와 유튜브 콘텐츠, 생활을 편리하게 해주는 앱, 온라인 쇼핑몰 등이 바로 그것입니다. 처음에는 사람과 사이의 정서적 관계가 제한될 것이라는 우려도 있었지요. 하지만 그와 다른 관점으로 디지털 환경의 커뮤니티 활성화는 다른 형태로 관계가 계속됨을, 여전히 사람과 사람은 연결됨을 보여줍니다.

이렇듯 NFT의 등장으로 세상을 바라보는 관점의 변화가 찾아왔습니다. 이것이 앞으로 우리의 삶을 어떻게 바꾸어놓을지 기대가 큽니다. 그리고 보이지 않는 가치가 거짓으로 해석되고 왜곡되지 않도록 우리 모두 관심과 노력을 기울여야 할 것입니다.

NFT는 사라지지 않는다

NFT는 사라지지 않습니다. 인간이 만든 모든 보이지 않는 것의 가치는 인간의 시대가 이어지는 한 영원합니다.

기술의 발전에 따라 가까운 미래에는 NFT를 대체할 뛰어난 블록체인 기술이나 획기적인 방법이 등장할지도 모릅니다. 마치 휴대폰의 인터넷 환경이 2G에서 3G, 4G, 5G로 진화한 것처럼 말이지요. 그렇게 발전한 기술이 NFT를 대체해도, NFT가 바꾸어놓은 우리의 관점은 변하지 않을 것입니다. '특별한 가치'에 대한 인간의 관점은 동일합니다. 즉, 인류 역사 속에서 어떠한 깨달음과 같은 정신적 가치를 얻게 된 순간의 기억, 함께 겪었던 소중한 기억은 계속해서 존재할 것입니다.

자신만이 가진 특별함으로

NFT를 통해 누구나 자신만의 가치를 드러낼 수 있게 되었습니다. 나만이 할 수 있는 생각 하나가 나만의 표현력으로 세상 앞에 나설 수 있고, 이것을 가능하게 하는 서비스 플랫폼들 또한 빠르게 발전하고 있습니다.

이렇게 한 사람 한 사람의 특별성과 고유성이 가진 가치를 매우 간단한 방법으로 나타낼 수 있다는 것은 NFT가 가져올 모든 변화의 핵심입니다.

NFT로 표현되는 특별한 생각들 속에 인류의 미래를 여는 지표가 숨어 있을지도 모릅니다. 지금까지의 역사가 말해주듯 세상의 큰 변화는 보편적이지 않은 개인의 특별한 발상으로 시작되니까요.

과거에는 다양하고 독특한 개인의 가치가 발견되는 일은 쉽지 않았을 것입니다. 그 가치가 어떤 흐름을 타고 '대세'가 되어 실질적인 영향력을 갖기 전까지, 사람들 눈에는 어느 무명 아티스트나 발명가의 황당한 망상 정도로 보였겠지요. 하지만 이제 NFT를 통해 개개인이 내놓는 다양한 가치가 많은 사람 앞에 나올 수 있고, 이에 따라 기회로 연결될 가능성 또한 높아졌습니다.

나만의 생각으로 표현해낸 그림, 사진, 텍스트, 소리, 영상 등을 담은 NFT가 어쩌면 세상에 큰 변화를 불러일으키는 작은 시작점이 될 수도 있습니다. 그리고 그 주인공이 바로 당신이 될지도 모릅니다.

세상은 변화하고 있습니다. 세기의 천재 아티스트들은 독특한 특별성과 고유성으로 미래의 문을 열었습니다. 이제 당신만의 특별성과 고유성이 그 문의 열쇠가 될 것입니다.

감사의 글

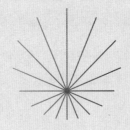

원고를 끝내며, 집필하는 과정의 시간들을 찬찬히 돌이켜 봅니다. 처음으로 오픈시에 올린 작품이 실제로 판매되는 순간, 새로운 시대가 시작됐다는 사실에 설렘과 끝없는 호기심이 함께 밀려왔습니다. 보이지 않는 가치의 실체가 NFT라는 IT기술 덕분에 드러나고 수많은 사람에게 기회의 세상이 열린 것입니다.

집필 시작 시점부터 하루가 다르게 쏟아져 나오는 뉴스와 놀라운 이슈들을 바라보며 제가 드는 생각은 이럴수록 더욱 근본적인 가치에 초점을 두는 글을 쓰자는 것이었습니다. 저의 경험을 살려 예술가로서 NFT 작품의 근본에 대해 이야기하고 싶었고, 실제로 변화가 찾아온 세상에서 어떠한 일들이 일어나는지에 대해서는 관련 전문가들에게 많은 도움과 조언을 구했습니다.

그렇게 저는 블록체인 전문기업인 트라이엄프엑스 기술팀의
CMO chief marketing officer(기업의 마케팅부 경영자) 지니 킴 Jini Kim과 비
즈니스 전략 설계자 케이 로 Kay Ro의 자문으로 IT 기술에 대한 부
족한 부분을 채울 수 있었고, 메타버스 전시 전문기업인 레이빌
리지의 대표 정나연 큐레이터로부터 NFT 전시에 관한 새로운 정
보들도 얻을 수 있었습니다.

또한 한국 화랑협회 기획이사이자, 리서울 갤러리의 조운조
관장님을 통해서 한국 미술계와 갤러리들이 NFT를 어떻게 바라
보고 있는가에 대한 내용도 들을 수 있었지요. 그리고 변화와 함
께 기존 미술계 제도권의 틀 밖에서 탄생한 새로운 아티스트들
에 대해서도 관련 커뮤니티 운영자인 킹비트님을 통해 생생한
이야기를 전해 들었습니다. 이러한 과정에서 아직 중학생이지만
실제로 NFT 작품을 판매한 아티스트 아트띠프도 만나게 돼 더욱
흥미로운 이야기들을 다룰 수 있게 되었습니다.

그리고 원고의 구상부터 완성까지 모든 과정을 감독해준 김서
진 Elisa Kim 프로젝트 어드바이저와 스페이스알파 아트랩의 노력
덕분에 무사히 책이 만들어졌다고 생각합니다. 또한 이 책이 주

목받을 수 있는 길에 대한 방법을 고민해주시고 조언해주신 조선비즈 홍원준 부장님 덕분에 든든했습니다. 또한 NFT의 기술과 경제적인 면뿐만 아니라 작가로서의 관점, NFT 아트에 대해 다루고 싶었던 저를 이해해준 정소연 주간님과 박혜정 편집자님, 그리고 세종서적 관계자분들께도 감사하고 싶습니다. 덕분에 함께 책을 만든 순간이 큰 즐거움으로 남았습니다.

　무엇보다 마지막까지 이 책을 읽어준 독자에게 감사의 말을 전하고 싶습니다.

NFT는 처음입니다

초판 1쇄 발행 2022년 1월 28일
5쇄 발행 2022년 5월 3일

지은이 김일동
펴낸이 오세인 | **펴낸곳** 세종서적(주)

주간 정소연
편집 박혜정 | **교정교열** 유지현
표지 디자인 섬세한 곰 | **본문 디자인** 유어텍스트
마케팅 임종호 | **경영지원** 홍성우
인쇄 천광인쇄 | **종이** 화인페이퍼

출판등록 1992년 3월 4일 제4-172호
주소 서울시 광진구 천호대로132길 15, 세종 SMS 빌딩 3층
전화 마케팅 (02)778-4179, 편집 (02)775-7011 | **팩스** (02)776-4013

홈페이지 www.sejongbooks.co.kr | **블로그** sejongbook.blog.me
페이스북 www.facebook.com/sejongbooks | **원고 모집** sejong.edit@gmail.com

ISBN 978-89-8407-974-8 03320

NON-
FUNGIBLE
TOKEN